Secrets et mystères de la vie de Merlin

Marie Tanneux

Secrets et mystères de la vie de Merlin

Préface de Anne Berthelot

Editions OUEST-FRANCE

www.editionsouestfrance.fr

À Bruno Colliot
Photographe nomade

Quand il aura pris tout son saoul de paysages,
Passé peut-être l'âge
De voguer vers d'autres sillages,
Il reviendra las.
Je ne souhaite pas l'enfermer
Ni le tenir prisonnier.
Il mettra sa tête entre mes cuisses
Afin que je puisse,
Comme au temps de sa mère,
Dire : tout est chimère
Voyage beaucoup au-dehors
Mais rentre au port.
Tu le vois bien
Il n'y a rien
Surtout pas d'or.
Contre mon sein déjà tu dors.

Chant de Viviane à Merlin

PRÉFACE

Merlin le barde… Merlin le prophète… Merlin le mage… l'amant d'une certaine Viviane… l'ennemi de la maléfique Morgane… Merlin, qui n'était pourtant pas l'Enchanteur au Moyen Âge, n'en jouit pas moins jusqu'à notre époque d'une popularité d'autant plus grande que l'on sait bien peu de choses à son sujet. Le monde anglo-saxon a gardé de lui un souvenir plus précis… mais c'est un souvenir un peu décevant, car le Merlin de sir Thomas Malory, vieillard « in his dotage » qui s'éprend follement d'une demoiselle du Lac et se laisse enfermer à tout jamais dans une tombe de pierre, n'a plus rien de la figure mythique dont les textes médiévaux plus anciens gardent la mémoire. Quant au Vieux Continent, pendant quelques siècles, c'est à une éclipse quasi totale du personnage qu'il assiste : l'ultime *avatar* de Merlin sur la terre de France est un prophète dont les prédictions sont mises un peu à toutes les sauces, et voici qu'au XVIe siècle en surgit un nouveau, plus conforme au goût du jour : Michel de Nostredame, autrement dit Nostradamus, qui sera dorénavant le garant de toutes les prophéties que l'on s'efforce d'interpréter. Et pour ce qu'il en est de l'obscurité, Nostradamus en remontre même à Merlin !

Mais le XIXe siècle romantique va donner au polymorphe Merlin l'occasion de renaître de ses cendres, adoptant pour chacun des écrivains qui prennent la parole en son nom un nouveau masque : le prophète-enchanteur est véritablement, selon l'expression de Joseph Campbell, un « héros aux mille visages ». Ce qui est curieux, pourtant, c'est que ces multiples incarnations d'un archétype ont en définitive peu de choses en commun avec le personnage médiéval – en admettant que l'on puisse parler d'*un* personnage, et non d'une constellation de figures plus ou moins apparentées. Les adolescents qui ont fait connaissance avec Merlin par le biais du *Merlin l'Enchanteur* de Walt Disney avant d'en rencontrer des versions plus élaborées dans les aventures de Tom Cox ou Henri Podeur ne s'interrogent guère sur les origines médiévales du magicien ni sur son côté diabolique ou sur ses amours, prudemment escamotées dans les adaptations « pour la jeunesse ». Est-ce bien surprenant, en définitive ? Au XIIe siècle déjà, le malheureux Giraut de Cambrie, incapable (et pour cause !) de réconcilier deux biographies incompatibles de Merlin s'en tirait par une pirouette en affirmant tranquillement qu'il y avait *deux* Merlin, Merlin Ambroise (*Ambrosius*) et Merlin le Sauvage (*Silvaticus*)… Quant aux homologues écossais ou irlandais du prophète ou de l'homme sauvage, Lailoken – dont le nom signifie, ironiquement peut-être, « jumeau » – et Suibhne, ils présentent certes des caractéristiques très proches de celles du Myrddin gallois, mais est-ce suffisant pour les confondre en une seule figure mythique ? Et a-t-on bien le droit de construire un personnage unique à partir des silhouettes dessinées dans l'*Historia Britonum*, l'*Historia regum Britanniae*, la *Vita Merlini*, le *Merlin* en prose, le *Didot-Perceval*, la *Suite du Merlin*… ou plutôt les *Suites*, *romanesque*, *historique*, atypique comme le *Livre d'Artus*, ou « synthétique » comme les *Prophesies Merlin* ? Sans parler, bien sûr, des variantes allemandes, italiennes, ou… anglaises !

Certes, il y a des constantes dans la légende merlinesque médiévale : la naissance marquée de surnaturel, l'intervention magique qui aboutit à la conception d'Arthur, les relations conflictuelles avec Morgue/Morgane et la « demoiselle du Lac » que les textes n'appellent *jamais* Viviane. Mais Merlin, comme Protée le Vieil Homme de la Mer, demeure avant tout une figure insaisissable, « protéiforme », polyvalente – un *samildanach*, au sens où l'est le dieu celte Lug, doté d'une gamme quasi inépuisable de qualités et d'attributs. C'est une créature psychopompe, un « ouvreur » qui introduit les humains à d'autres mondes – ou, cela revient au même, à l'Autre Monde. Et c'est cette richesse que Marie Tanneux rend sensible, en entraînant le jeune, puis moins jeune, Riwalen dans la ronde cyclique des fêtes celtiques, de Samain à Imbolc, d'Imbolc à Beltaine, de Beltaine à Lugnasadh avant de revenir à Samain sous la houlette d'un Merlin dont la dimension proprement magique ou prophétique s'estompe un peu au profit d'une image de druide ou d'initié. On ne peut qu'admirer la virtuosité avec laquelle la conteuse sait tresser ensemble les différentes traditions, fondre en une trame qui n'en est pas moins cohérente pour être onirique – de la logique propre des rêves – les hauts lieux de la légende et les temps sacrés du calendrier, et broder à l'infini sur les données disparates transmises par les textes aussi bien que la tradition orale. Si, selon les auteurs du XIIIe siècle, c'est dans la forêt d'Arnentes, et non en Brocéliande, qu'est « entombé » le devin, cela a-t-il la moindre importance dans la grammaire du mythe ? Le *sidh* est le lieu où l'espace, comme le temps, perd sa signification prosaïque pour atteindre, ou du moins aspirer à, une sagesse intemporelle qui transcende les frontières et les catégories rationnelles.

Anne BERTHELOT
Professeur de français et d'études médiévales
à l'Université du Connecticut.
Fondatrice et actuelle secrétaire
de la Société Internationale
des Amis de Merlin.

Remerciements

L'auteur remercie tout particulièrement Anne Berthelot, professeur de français et d'études médiévales à l'Université du Connecticut et fondatrice de la Société Internationale des Amis de Merlin, ainsi que Aurélie Brunel, Patrick Delhumeau, Sylviane Delourmel et Patrick Le Portal.

SAMAIN [1]

Courage

Dans la taverne du Chaudron, au village de Telhouët, hommes et femmes du pays de Brécilien s'étaient réunis en attendant la dernière nuit de ce mois d'octobre. Le feu brûlait dans l'âtre, de longues chandelles étaient fichées dans des bouteilles posées çà et là sur les tables en Formica. La plupart des gens s'étaient rassemblés autour du feu, fascinés par ce soleil intérieur. Dehors, en cette fin d'après-midi, le ciel était sombre, chargé de nuages menaçants. Il s'était mis à pleuvoir d'abord doucement – les gouttes tambourinaient sur les fenêtres –, puis de plus en plus dru, de plus en plus fort. La pluie semblait insister pour être invitée à siéger au côté du feu. Excédée, elle appela le vent ; il se mit à battre la campagne et secoua violemment les arbres. Il arrachait les dernières feuilles d'automne offrant à la forêt de Brécilien de longs sentiers mordorés. Il faisait grincer la charpente du toit, cognant

1. Samain est la grande fête celtique marquant le début d'une nouvelle année. C'est un moment particulier où le temps et l'espace s'abolissent ; alors le monde visible des vivants et le monde des disparus peuvent entrer en communication. Samain n'est pas la fête d'une divinité celtique particulière, mais la fête du monde et des âmes peuplant l'Autre Monde.

vigoureusement à la porte de la taverne, tandis qu'au loin retentissaient des plaintes étranges et lugubres.

À l'intérieur de la taverne, un ancien était assis, seul, près de la porte. Il était vêtu à la manière d'un moine, d'une longue robe d'une couleur indéfinissable tant elle était sale et usée. Son allure lui valut le regard narquois des hommes et la médisance des langues féminines :

« Il y avait bien longtemps que nous n'avions pas croisé pareil chien galeux au pays ! Assurément, des êtres comme celui-là, on n'en fait plus, ou ils ont tous disparu ! » marmonnaient certaines.

L'homme savait très bien ce qui se disait, se murmurait. Loin d'être blessé par de telles attitudes, il en éprouvait au contraire une certaine satisfaction. La déception, elle, venait de ce bijou qu'il portait au poignet gauche depuis la nuit des temps, son serpent, ce bracelet qui venait de se détacher, formant une ligne sinueuse argentée sur la table rouge. La bouche du reptile restait entrouverte, laissant apparaître de petites dents effilées. Il ne se mordrait plus la queue tel l'ouroboros, symbole venu du fond des âges et représentant le cycle de l'évolution et de l'éternel retour. Il se demanda tout à coup si la vie à perpétuité venait de lui être ôtée, à moins qu'il ne s'agisse de la perte de la compréhension du langage des oiseaux. Un frisson lui parcourut tout le corps, lui rappelant la présence consolatrice du dragon. L'animal extraordinaire était tatoué et lové au creux de ses reins, pouvant dérouler et enrouler ses anneaux au gré de ses injonctions. L'homme arrêta le fil de ses pensées, poison de l'esprit, et se mit donc à battre un vieux paquet de cartes, marmonnant et psalmodiant.

« Ne faites pas attention à lui, dit la maîtresse des lieux, ce n'est qu'un étranger entré il y a un moment. Je l'ai bien reçu, car une nuit particulière s'annonce. Un bon bain lui ferait du bien ! Mais je crains qu'il n'ait perdu l'esprit, écoutez ce qu'il raconte à présent. »

Alors les gens se firent attentifs et ils entendirent le vieil homme murmurer en retournant les cartes :

« Pique et carreau : Courage et Puissance.
Trèfle et cœur : Savoir et Plaisir.

« Ne sortez pas cette nuit ! Quitter une compagnie comme la mienne, tss, tss… La brume a envahi les chemins ; des êtres étranges sont blottis dans les recoins des rochers. Les lutins vagabondent ; leur haleine à gâter les mûres restées sur la haie et les spectres des morts reviennent à leurs anciennes demeures sur Terre. Restez maintenant et venez jouer une partie avec moi. Voici un vieux paquet de cartes qui a servi plus d'une nuit comme celle-ci et, vieux comme il est, bien des richesses furent perdues et gagnées par lui. »

Un des jeunes gens remarqua :

« Peu de richesses de ce monde vous sont restées, vieillard ! »

Il regarda les pieds nus du vieil homme, et tous se mirent à rire.

L'ancien passa sa main sous la plante de ses pieds tout en marmonnant :

« Tss, tss, tout n'est que poussière et retourne à la poussière. Restez ! déclara-t-il fermement. N'avez-vous point entendu ? »

Il posa sa main étrangement puissante sur l'épaule d'un des jeunes gens.

« Pour Niv, Nimue, Viviane, pour vos promises, pour les richesses de ce monde gagnées et perdues... Vaines richesses. »

Tous alors regardèrent le vieillard comme s'ils le voyaient pour la première fois, ils se demandèrent d'où il était venu.

Il semblait lire dans leurs pensées comme dans un livre ouvert :

« Je viens de loin, mais j'ai toujours été sur le chemin, à côté de vous. »

Puis il demeura silencieux et personne n'osa le questionner ; ils se mirent à jouer.

Ils étaient sept joueurs autour de la table en Formica rouge ; les autres derrière regardaient. Le vieillard battit les cartes, coupa de la main droite et distribua d'un geste sûr et extraordinairement agile. Ils jouèrent deux-trois parties, comme ça, pour rien, puis le vieillard sortit de sa poche une pièce très mince et tout effacée, dont nul n'aurait pu deviner l'origine. Les autres se mirent à parier. Autour de la table, on gagnait, on perdait, la chance tournait, ne demeurait jamais longtemps au même endroit. La nuit était fort avancée. Était-il minuit ? Trois heures du matin ?

L'argent affluait mais, à la fin, la chance les quitta tous et se rangea du côté du vieillard : il gagna ; il se mit à rire par petits gloussements. Tout seul, il chantonnait :

« J'ai parcouru les terres celtiques, le pays de Galles, l'Écosse, l'Irlande, la Petite Bretagne et nul ne m'a jamais rien refusé.

« Pique et carreau : Courage et Puissance.
Trèfle et cœur : Savoir et Plaisir. »

Il se remit à battre les cartes pour entamer une nouvelle partie. Les corps des hommes tanguaient ; le carrelage en damier semblait se dérober sous leurs pieds. Leurs yeux ne pouvaient se détacher des mains du vieillard ; on aurait pu penser qu'ils étaient ivres, mais il n'en était rien, car les verres et la bouteille demeuraient pleins.

« On me nomme Taliesin, Lailoken, ou Suibhne. Mais qu'importe mon nom, vous avez le jeu dans vos cœurs, messieurs », déclara le vieillard en ricanant.

Il battait les cartes, doucement, puis de plus en plus vite, si bien qu'à la fin, les hommes ne les voyaient plus. Elles semblaient former un grand cercle dans l'espace, ne faisant qu'effleurer les mains du vieil homme.

« Amis, regardez ce cercle lumineux. Voyez, c'est la course du temps et vous êtes pris dans ses rets ! »

Maintenant, le jeu tournoyait à une vitesse vertigineuse, dessinant un anneau de feu dans les airs, quand l'une des cartes jaillit d'entre ses mains, se métamorphosa en lièvre, puis une autre en chien, puis toute une meute poursuivant le lièvre dans la taverne du Chaudron.

Hommes et femmes s'écartèrent, plaquant leur dos contre le mur, se garant des chiens, abasourdis par le tapage de la course et les aboiements. Finalement, la porte de la taverne s'ouvrit sous une bourrasque de vent plus violente ; le lièvre sauta par-dessus la table et s'élança dans la nuit, suivi des chiens.

« Suivez-les ! Et vous verrez une chasse extraordinaire, messieurs. C'est la Chasse Sauvage ! Elle vient du fin fond de votre mémoire archaïque où elle n'était qu'assoupie. Mais elle hante vos esprits ! C'est l'armée des morts, le cortège des revenants et, cette nuit, elle est menée par le roi Arthur en personne et ses compagnons de la Table Ronde.

Ils sont de retour dans la forêt des Enchantements ! Car c'est la nuit sacrée de Samain. Des quatre grandes fêtes celtiques annuelles, Samain est sans doute la plus importante. Cette fameuse nuit du 31 octobre au 1er novembre est en effet hors du temps, ne faisant partie ni de l'année écoulée ni de l'année avenir. Déjà elle vous appelle, vous fascine, vous subjugue, et vos âmes menacent d'être emportées ! » hurla le vieillard.

Mais les hommes redoutaient la nuit de la Samain. Seul un des jeunes hommes, du nom de Riwalen, se leva et déclara :

« Je les suivrai ! »

Il passa le seuil de la taverne du Chaudron en trébuchant, comme un homme dans un rêve et la porte claqua brutalement derrière lui, laissant les joueurs dans la perplexité et le silence le plus total.

Riwalen crut d'abord voir dans la nuit le vieillard courir devant lui, mais ce n'était que son ombre projetée par la lumière de la pleine lune sur le chemin. Il entendait au-devant de lui la course des chiens et le lièvre se faufilant par les fourrés. Il courait, courait, rien ne semblait l'arrêter. Bientôt, il entama l'ascension d'une colline, il ralentit le pas de sa course car le souffle vint à lui manquer. Un nuage venait de masquer l'astre de la nuit, il lui devint difficile de distinguer le sentier. C'est alors que son pied se prit dans une racine ; il trébucha et alla s'étaler la tête la première, le nez dans la rude bruyère. Le lièvre, les chiens passèrent au-dessus de sa tête, et la rumeur de cette chasse étrange s'estompa pour mourir dans la nuit noire. Riwalen ne pouvait plus courir ni même marcher, il était exténué. Il s'assit sur un petit muret de pierre. Il remarqua alors une porte tout près de lui d'où sortait une lumière, il s'en étonna. Comment ne l'avait-il point vue auparavant ? Elle, si proche, cette lumière éblouissante ? Il se dirigea vers la porte, et bien qu'il fît nuit aux alentours, c'est la lumière du jour qu'il lui sembla trouver. Le vieillard était là, appuyé contre le chambranle, celui-là même qu'il avait trouvé dans la taverne du Chaudron à Telhouët en train de manier ce fameux paquet de cartes.

« Tu as mis du temps à venir, Riwalen, nous t'attendions.

— Qui êtes-vous ? Où suis-je ?

— Je suis Merlin, magicien et prophète, conseiller et ami du roi Arthur, celui que l'on surnomme ici dans le bois de Brécilien, l'Enchanteur. Et tu viens de fouler les terres de l'Autre Monde. »

L'homme esquissa une gracieuse courbette et ajouta :

« Viens, ne restons pas là à regarder cette lumière, elle prélude au passage que tous les hommes attendent et craignent à la fois. Tu as bien le temps ! D'ici là, cheminons plutôt un peu ensemble. »

Riwalen était encore hébété par la course à laquelle il venait de prendre part. En forêt, les feuilles mortes s'étaient accumulées sur le sol et faisaient craquer le pas des deux hommes. Ils décidèrent de quitter Brécilien en quête du village le plus proche. Ils abandonnèrent le bois comme le loup poussé par la faim. À peine avaient-ils marché deux lieues que les premières habitations de pierre rouge, serrées les unes contre les autres, s'annonçaient au bout du chemin. Leurs pas roulaient sur un vieux sentier caillouteux, celui du vieillard étrangement alerte. En remontant le bourg de Concoret vers le lieu-dit de la Loriette par un chemin de traverse, se dressait un manoir imposant et austère. Poussé par la curiosité, Riwalen passa la cour et s'avança jusqu'à l'entrée principale. Tout paraissait ici endormi, à l'exception d'un buisson d'épines orné de roses, qui embaumait et charriait son parfum par le souffle de l'hiver qui s'annonçait déjà. Riwalen vint coller son visage à l'une des fenêtres. À l'intérieur, les pièces étaient vides. Puis il fit le tour de la noble demeure, marcha dans la ronce et le lierre qui avaient envahi le jardin abandonné. Le vieil homme l'avait suivi discrètement ; il vint à se poster derrière lui et susurra à son oreille :

« Le manoir est en vente depuis plusieurs années mais il n'a pas trouvé acquéreur, du moins pour le moment. »

Il avait ressorti de sa poche son paquet de cartes, se remettant à battre le jeu.

« Pique et carreau : Courage et Puissance.
Trèfle et cœur : Savoir et Plaisir. »

Tout en chantonnant, il proposa au jeune homme de tirer une carte. Tant bien que mal, Riwalen extirpa du tas écorné, présenté en éventail, un as de pique.

« Bien ! jubila Merlin. Du courage, il en faut, Riwalen. N'est-ce pas ? Il faut du courage pour choisir de naître dans ce monde, surtout lorsqu'il s'agit d'être un homme ! Les femmes savent en réalité bien peu de choses sur nous. Pourtant, j'en ai côtoyé des dames, des épouses, des sœurs, des élèves, des fées et des amantes. Où êtes-vous, très chères Gwendolene, Ganiéda, Morgane, Sébille ? Et toi, ma tendre Niv, Nimue, Viviane ? Ma blanche serpente, mon amie, ma consolatrice, l'aube de mes journées, mon inspiratrice, mon refuge… ma petite sauvageonne ? Seras-tu encore là au retour du vieux sage ? » se lamentait Merlin.

Pris dans sa plainte, le sage poursuivit :

« Elles ont développé, au fil du temps, une expérience considérable dans leurs manières de s'adapter à nous. Ce n'est pas la magie de Merlin qui leur a enseigné ces artifices ! Non, cela s'appelle "l'illusion". Elles en sont nourries, pétries, et pensent que la vie est plus facile pour les hommes. Mais ont-elles tenté de nous comprendre vraiment ? Ont-elles une idée de l'ampleur et de la complexité, de la lutte que nécessite le passage du petit garçon à l'état d'homme ? Elles n'imaginent pas quelle route longue et difficile nous devons parcourir. Ainsi, nous sommes contraints par la vie à nous séparer de la mère nourricière originelle, arrachés de la chaleur de son sein, exilés à jamais de son antre doux à l'humidité forestière. Nous devons nous aventurer seuls sur le chemin. C'est pourquoi nous sommes happés par la puissance du désir féminin. À chaque fois qu'un homme s'unit à une femme, Riwalen, il caresse l'espoir fugitif de retourner dans le ventre de sa mère. »

Le vieil homme sembla tout à coup au bord des larmes.

« Je suis en route depuis si longtemps ! Certains pensent que je ne suis qu'un vulgaire vagabond. Regarde-moi, Riwalen, toi aussi, tu juges selon les apparences, ou peux-tu voir au-delà ? »

Le jeune homme dévisagea le vieillard ; il distingua, sous la robe, un corps amaigri, presque décharné. Mais c'est son visage qui retint son attention, couvert de rides. Il avait la couleur et le relief de l'écorce de l'arbre. À ce moment-là, Riwalen se fit la réflexion suivante : Merlin tenait plus du végétal que de l'humain. Il lui sourit et détourna son regard pudiquement. Alors, mû par une force inconnue, le jeune homme revint à l'une des fenêtres du manoir. Dans la pièce centrale, le feu s'était allumé dans la cheminée. À l'intérieur, le plancher grinça et Riwalen vit une magnifique jeune fille descendre les escaliers. Le vent de *Miz Du* – le mois noir – murmura son nom.

« N'écoute pas le vent, Riwalen ! hurla Merlin, et le vieux sage porta les mains à ses oreilles.

« Vois, ils ont tous menti, ils ont fait de moi le fils du diable, ils m'ont diabolisé, ridiculisé. Ah ! La belle affaire. Ils ont préféré travestir la réalité, cacher la vérité. Au nom de quoi ? Parce que ma mère aimait la liberté – et hier comme aujourd'hui c'est un crime, un lèse-majesté. Laisse-moi te dire qui était vraiment ma mère, non pas cette douce jeune fille, pieuse et réservée, mais une sauvageonne, une fille des bois. »

Riwalen était à nouveau happé par la scène qui se déroulait à l'intérieur du manoir. Encapuchonnée dans un long manteau vert émeraude, la jeune fille, dont la carnation était faite du lait de la lune, porta une rose à son visage et inspira son parfum, elle posa un baiser ardent sur les pétales de velours, comme elle l'aurait fait sur le corps d'un amant. Alors une de ses mains vint se poser sur son ventre qui dessina une légère et exquise courbure, tandis que son long manteau s'écarta et laissa apparaître des seins ronds comme des fruits mûrs.

« Elle est belle ! C'est ma mère, la mère nourricière, notre mère originelle à tous : la Terre. »

Elle s'était assise au coin du feu et balançait de sa fine main blanche un berceau vide.

« Bientôt je serai là, dans le berceau », murmura Merlin à l'oreille du jeune homme.

Elle appelait son amant et chantait une douce ballade.

« C'était un musicien venu à la cour de son père, raconta Merlin. Sur le chemin qui menait au manoir, en traversant le bois au soleil couchant, il s'était arrêté auprès de la fontaine des quatre temps, non loin du hêtre de Ponthus, axe du monde de Brécilien. Quatre arbres l'encadraient : un saule, un houx, un sorbier et un sureau. Il a dû être inspiré par le lieu ou par la nuit qui venait, car il s'agissait d'une nuit comme celle-ci, une nuit de Samain, la nuit des esprits. L'eau lui a souri, alors il s'est taillé un jeu de flûtes dans les quatre essences merveilleuses du bosquet. Il a joué pour remercier l'endroit, et les arbres ont frémi de plaisir. Il s'en est allé avec la magie du son, habité par l'esprit du lieu. Il est arrivé ici ; le seigneur était veuf et ma mère venait de faire ses quinze ans. Elle était belle, insolente et audacieuse, en un mot, elle était libre. Elle défiait chaque règle édictée par son père, et tout ce qui était interdit elle le faisait, elle s'y appliquait le mieux qu'elle pouvait ! Car les jours étaient longs et les nuits pesantes au manoir. Interminables, les travaux d'aiguille, ennuyeuses, les parties d'échecs.

« Alors, quand ce soir-là le joueur de flûte s'est annoncé, lorsqu'il a joué l'unique air connu de l'instrument, hors du manoir, par-delà les remparts, dans la sombre futaie, il a réveillé la fontaine et l'esprit du bois. À partir de cette nuit-là, ma mère n'a eu qu'une idée en tête : rejoindre la forêt, s'unir à Brécilien. L'hiver avait passé et elle était toujours hantée par l'appel du bosquet.

« Vint le printemps, la forêt entière retentissait des chants d'oiseaux, exhalant le parfum des ajoncs. À l'aube d'un matin ampli de rosée, elle s'est faufilée hors du domaine paternel. Elle s'est rendue au point le plus haut de la forêt et là, elle a trouvé la fontaine. Elle n'a pas vu les quatre arbres s'incliner sur son passage, simplement un buisson de roses. Elle en a cueilli une, l'a portée à son visage. L'odeur était suave et enivrante. Alors les arbres se sont mis à frémir, à se blottir plus près de la fontaine. Et, tout à coup, le matin se fit plus calme, le temps s'étira, puis s'arrêta. Il arriva par la sente couverte d'aiguilles de pin, son pas ainsi étouffé, il put s'approcher sans bruit du sanctuaire. Il se manifesta à elle comme un esprit des bois. Il s'éleva au-dessus de la fontaine, d'abord sous la forme d'un brouillard, telle la brume au-dessus d'un lac, et commença à prendre forme humaine. C'était un jeune homme de haute stature, de longues boucles noires encadraient son beau visage. Il était tout de vert vêtu. Ma mère lui faisait face, serrant, pressant la rose qu'elle avait prise contre son sein. Elle ne pouvait détourner le regard des yeux du jeune homme. Il étendit ses mains sur son corsage, la fit s'étendre sur un lit de feuillage. Alors le cœur de ma mère s'élança dans la poitrine du prince des bois et elle lui offrit la rose qu'elle avait cueillie. Unis corps et âmes. Dans la fontaine l'eau se mit à bouillir, les quatre arbres se rapprochèrent et le bosquet se referma. Je peux t'assurer que jamais elle ne s'était sentie aussi libre. Elle aurait voulu faire de cet endroit sa patrie à jamais. Plus tard, une autre fille des bois, une petite sauvageonne… ajouta Merlin, et son visage se contracta. Mais il déserta le bosquet, la rose entre les dents, chantant gaiement :

"Rien ne dure, il est vain de rester en capture."

« Quand la brûlure de l'été arriva, ma mère quitta le bois. Elle trouva son père assis dans la grande salle, se tenant la tête entre les mains. Il ne lui fit pas de reproches mais déclara simplement :

"C'est un grand malheur pour nous, car tu portes en ton sein un enfant qui n'a point de père, et c'est dans ton ventre maintenant qu'une rose est en train de fleurir. Désormais, tu resteras au manoir afin de cacher le tort que tu viens de faire à notre famille."

« Il l'a fait enfermer dans la plus haute tour. Mais je ne suis pas né ici. Quand elle a senti le moment, les premières douleurs de l'enfantement, elle s'est échappée. Lugubre était la nuit, sinistre le chemin qui menait à la forêt. Elle a trouvé le bosquet sacré à minuit précis, en cette nouvelle nuit de Samain. Elle a accompli le rite magique, elle a tracé le cercle enchanté dans la terre de Brécilien, et c'est là que je suis né. Elle m'a déposé quelques instants auprès de la fontaine, m'a aspergé de l'eau lustrale puis m'a enveloppé de son grand manteau d'émeraude. Tu vois, elle n'a pas croisé la route d'un être sombre, je ne suis pas le fils du diable. Je ne suis qu'un simple bâtard ! »

Riwalen regarda le vieil homme, ses yeux irradiés d'une étrange lumière empreinte de nostalgie et de mélancolie.

« Tu vas sourire, mais je voudrais ne jamais avoir quitté son ventre. »

Derrière la fenêtre du manoir, le feu s'était éteint et la jeune femme avait disparu. Au-dehors, le buisson de roses s'était recroquevillé, les pétales éparpillés sur le sol. Il ne resta que le chemin sous leurs pieds.

« Viens, suis-moi, retournons dans la forêt. »

Ils contournèrent l'église du village de Concoret et s'engagèrent par une petite route de campagne.

« Ma mère, en me baignant dans l'eau de la fontaine sacrée, m'a donné le choix : la possibilité de me libérer. Riwalen, il suffit de se souvenir, lorsque nous passons la lumière – celle que tu as entraperçue tout à l'heure –, que nous allons franchir la frontière. N'oublie pas ce que je te confie aujourd'hui. Une fois parvenu au gué menant à l'Autre Monde, je me suis tenu au bord de la rivière de l'oubli. Elle est sortie de son lit, a voulu m'enlacer. Mais j'ai su résister aux chants des sirènes, j'étais assoiffé mais je n'ai pas cédé à l'illusion du boire, au péril de perdre ma mémoire et mon point d'origine. Tu vois, l'éveil n'est que le réveil de ce qui s'est assoupi. Nous n'avons rien à apprendre, jeune homme, nous reconnaissons car nous savions déjà. Je bois à la fontaine du souvenir ! » déclara joyeusement Merlin tout en levant au ciel une coupe de vin invisible.

Avant de s'engager par un des derniers chemins creux de Brécilien, le vieil homme fit une halte auprès d'un chêne.

« Regarde-le, celui-là, son âge se compte en centaines d'années. Il en a vu défiler des hommes, mais aussi quelques fous, comme moi, du pays de Brécilien : Jobart, réfugié dans son ermitage non loin d'ici, près du Rocher du Pas-de-la-Chèvre, et Éon de l'étoile, moine rançonnant les plus riches pour redistribuer aux plus pauvres. Autrefois, ce chêne parlait, par cette béance que tu vois là, quelques sons s'échappaient encore. Puis, sous prétexte de le protéger, le lieu a été aménagé. Une passerelle circulaire a été jetée et des attelles ont été posées pour soutenir ses vieilles branches. Maintenant, sa bouche se referme, il se contente de regarder placidement les visiteurs qui viennent tourner autour de lui sagement. Il regrette le temps où les enfants venaient se réfugier dans son ventre pour écouter une histoire. Un monde est en train de disparaître, Riwalen, celui où nous avions la possibilité de nous unir avec la terre nourricière. Tout était simple et faisait sens. J'ai peur de ce monde de pacotille qui se met en place. Brécilien devient la cour de récréation de la ville et ils vont bientôt me mettre un grand manteau sombre et un chapeau pointu. Ils ne vont pas prendre l'habit, mais se déguiser en sorcières, diablotins ou je ne sais quel autre personnage grimaçant, enfiler des cagoules à tête d'Ankou et s'appuyer sur des faux en papier mâché, creuser des énormes citrouilles pour en faire des lanternes végétales. Ils vont défiler bientôt dans les rues, cohortes d'enfants rejoints bientôt par un troupeau d'adultes. Oh ! Ça va faire parler les grenouilles de bénitier, faire prendre position certains recteurs. Mais cela ne les empêchera pas de sonner aux portes des maisons et de tendre sans un mot leurs chapeaux sombres pour recevoir des chapelets de friandises, s'en allant sans un merci. Mais qu'offrent-ils en retour ? Ils n'ont jamais connu la promesse du don et du contre-don. »

Merlin posa ses mains sur l'écorce du vieil arbre, caressant maladroitement les boursouflures du tronc. Riwalen, une fois de plus, constata l'origine similaire de la peau du sage et de l'arbre : toutes deux issues du règne végétal.

« Oui, Riwalen, je lis dans tes pensées, je suis bien un être de la forêt. C'est elle qui m'a donné vie au cœur de Brécilien. J'y puise mes forces et je me ressource en elle. Quand le temps sera venu, je ne la quitterai plus. Au pays de Galles, je suis le *Derwyd*, le chêne et le druide. Ah ! Comme je souhaite te faire partager une autre Samain. Le temps n'existe pas, il n'est qu'un leurre inventé pour les hommes. Tout devient possible cette nuit. »

Merlin étreignit violemment le vieux chêne. Alors, le jeune homme s'approcha de l'arbre et posa lui aussi ses mains sur l'écorce. Il sentit d'abord la rugosité de son manteau, puis sa paume épousant plus intimement ses aspérités, il put pénétrer dans l'intimité du vénérable. Il sentit la sève circuler doucement dans l'aubier et son cœur se mit à battre précipitamment. Les souvenirs remontèrent à la surface et Riwalen se fit le témoin de ces Samain d'autrefois. Le vent lugubre soufflait sur la lande, libérant les esprits des ténèbres et les âmes des ancêtres. Il entendit le jappement des chiens, la course des hommes se hâtant vers le fort. Leurs vêtements trempés par la bruine et la fougère. Les lourdes portes venaient de se refermer et les pans de cuir retombaient sur les tentes. Dans la grande salle brûlait le feu sacré autour duquel s'étaient réunis les druides, les chefs et petites gens, tous rassemblés là pour conjurer les enchantements du dehors.

« Un grand banquet était prévu : viandes de jeunes taureaux et de porcs sacrifiés accompagnées de pommes, de noix et de noisettes. »

Riwalen vit le rituel précédant le festin, l'abattage des bêtes, les petits chefs se querellant entre eux à propos des razzias et du butin ramené de la saison claire. Il lui sembla sentir l'odeur âcre du sang, puis une rumeur sourde monta, le bruit des lames s'entrechoquant enfla. Le sang répandu sur la terre n'était plus celui du bétail sacrifié mais des hommes tombés au combat. Il apercevait maintenant Merlin au milieu de la mêlée, presque méconnaissable dans cette violente bataille. Les cheveux dressés sur le sommet du crâne, les veines saillantes sous les muscles, et son visage, les yeux exorbités, possédé par la *ferg,* cette puissance du guerrier. Il vit la lame d'une épée extraordinaire, étincelante, et Riwalen murmura :

« Excalibur…

— Non, ne regarde pas par là, je ne veux pas que tu rencontres ce Merlin-là. La bataille d'Arderydd l'a pris pour le précipiter dans la folie. Mon ami Gwenddolau y fut vaincu par les fils d'Eliffer et, voyant les cieux se remplir d'écarlate, je trouvai refuge dans la forêt de Calédonie en Écosse. »

Alors la vision s'estompa et revint celle des Samain d'autrefois. La cervoise se remit à couler à flots dans la salle du banquet, donnant de la hardiesse aux braves car ils ne pouvaient rien faire face aux forces du chaos se déchaînant à l'extérieur, que simplement se blottir les uns contre les autres pour se rassurer. Le liquide ambré effaça définitivement le Merlin furieux et sa couronne de roi fut emportée.

« J'étais bien plus courageux en ce temps-là, dormant au plus profond des bois, sous un pommier, partageant ma couche avec le marcassin et les autres bêtes sauvages. Mais, aujourd'hui, je n'ai plus personne à initier et je rêve d'une cabane comme me l'avait promise ma chère sœur Ganiéda, mon esplumoir. Mais il ne reste plus que le vent et la pluie. »

Ils cheminaient maintenant dans le noir le plus complet. En quittant le village de Concoret en direction de Tréhorenteuc, ils venaient de s'engouffrer dans le dernier chemin creux de Brécilien, près de la rue Éon. Les feuilles des arbres caressaient leurs visages et les branches semblaient les retenir par les bras. Le tunnel végétal grouillait des âmes de milliers de passants. À cette heure de la nuit, le rire des écoliers de l'école Saint-Laurent s'était tu ; même les korrigans s'étaient retirés. Restait le gémissement des obstinés, des cabrés, des résistants au courant de la vie, et Merlin déclara :

« Fluidité ! Retiens bien ce mot-là, Riwalen, si tu ne veux pas trop t'écorcher à la vie. »

Peu avant la sortie du tunnel végétal, une vieille charrette s'était embourbée dans le chemin creux. Une silhouette enveloppée dans un grand manteau, coiffée d'un immense chapeau, tentait de sortir une des roues prise dans l'ornière. Les chevaux hennissaient. En passant auprès d'eux, le jeune homme ressentit l'impatience des bêtes et crut voir leurs yeux affolés roulant sous leurs œillères.

« Surtout ne t'arrête pas ! Pas un mot à celui-là, Riwalen. Laisse-le sur le bord du chemin, dans la boue. Il n'est pas venu ce soir pour toi. Il a déjà reçu sa liste pour l'année à venir et je peux te dire que sa faux ne t'atteindra pas. Ta flamme brille encore hardiment. Viens, hâtons-nous. »

Près de la silhouette accroupie, le vent de Brécilien se fit plus mordant et le froid glaça le jeune homme jusqu'aux os. Il eut juste le temps d'entrevoir, dans la charrette, des corps entassés, jetés pêle-mêle, gisant déjà là comme de pauvres pantins désarticulés. Ils venaient de croiser l'Ankou, le serviteur de la Mort, dont le rôle est de collecter, dans sa charrette grinçante, *karrigell an Ankoù*, les âmes des défunts récents. Il était de mauvais augure de croiser son chemin. Merlin eut envie de hurler comme ce bon vieux loup gris qui l'accompagnait autrefois dans ses marches solitaires.

« Oui, il en faut du courage pour être ici. C'est eux, toi, qui m'avez fait revenir. Je suis un mythe, Riwalen, j'appartiens à la forêt profonde, au royaume de l'inconscient. Dès l'instant où vous m'évoquez, m'invoquez, le mythe se réveille et revient dans le monde des hommes. Vous devez être dans une sacrée impasse pour oser rappeler ce bon vieux Merlin ! Je suis un rêve, mais celui-ci n'est-il pas l'ombre de la réalité ? »

Le sentier du Val aux Fées montait à la fontaine de Barenton. Merlin ignora sciemment le lieu sacré pour bifurquer sur la sente de gauche. Le jeune homme fut saisi par la qualité du silence, contrastant avec la présence assourdissante de Brécilien. Sans un mot, ils passèrent près de l'eau des quatre temps. Riwalen crut y reconnaître le lieu de conception du vieux sage. Dans l'obscurité, il adressa un regard interrogateur à Merlin. Celui-ci s'arrêta et posa son index sur ses lèvres.

« Chut ! Ne dis rien, tu sais déjà. »

Le bosquet les entraîna vers une sapinière ; leurs pas étaient étouffés par l'épaisseur des épines jonchant le sol. Parmi l'armée des conifères avançant en rang serré, au loin une silhouette déployait sa ramure dans la nuit devenue velours. Se tenant au garde-à-vous dans un perpétuel hommage, se détachait un hêtre moussu, l'axe du monde de Brécilien. Un petit houx lui faisait la cour et caressait sa moustache. Le hêtre de Ponthus arrondit sa bouche pour exprimer sa stupeur, car les deux hommes restèrent à distance raisonnable pour accueillir la puissance de cet autre vénérable. Entre les racines, quelques pierres témoignaient des restes d'un château ayant appartenu au chevalier Ponthus.

« C'est non loin de ce lieu que naissent les contes de Brécilien. Au point du jour, ils vont tous défiler dans une longue procession silencieuse, menée par le roi Arthur sur son cheval Obagur à la robe de neige, allant à l'amble. Quel moment extraordinaire ! Et toutes ces légendes se répandront à nouveau sur Brécilien comme une pluie d'étoiles filantes.

« Voici Ponthus, l'axe du monde de Brécilien ! »

Malgré un âge qui semblait canonique, Riwalen vit l'homme grimper comme un félin le long du tronc. Tel un funambule, Merlin se déplaçait sur une des branches pour venir s'élancer dans le vide. Il se retrouva tête en bas, pendu par un seul pied. Malgré cette position jugée inconfortable par le jeune homme, les bras croisés sur la poitrine, le vieil homme éclata de rire.

« C'est la meilleure attitude que nous puissions adopter quand un événement déplaisant se présente et frappe à la porte de notre destin : changer notre point de vue, Riwalen !

« À ce propos, savais-tu que ma mère avait été condamnée à ma naissance pour ne pas avoir révélé le nom de mon père ? Elle ne le connaissait pas, d'ailleurs ! Eh bien j'ai retourné la situation comme un gant en interrogeant le juge sur l'origine et l'assurance de sa paternité – la sienne était bien plus obscure que la mienne ! »

Dans un mouvement preste et élégant, le vieil homme se redressa et vint se poster sur une autre branche. Riwalen se demanda s'il n'avait pas rêvé ; il crut un court instant que Merlin avait volé.

« Oui, Riwalen ! Non seulement je suis fou, mais en plus je vole ! »

Et le rire de Merlin éclata à nouveau, son écho amorti par la légion des sapins.

Assis sur une branche, tel un prestidigitateur, il avait ressorti, d'une de ses longues manches, son vieux paquet de cartes. Il se remit à les battre. Dans la nuit, ce bruit ressemblait au battement d'ailes de quelque oiseau.

« Ah ! Quelle nuit particulière, Riwalen ! Samain, elle n'appartient ni à l'année passée ni à l'année à venir. Nous sommes hors du temps ! Nous échappons à ses rets. »

Les cartes formèrent à nouveau un grand cercle dans l'espace, produisant tout à coup une faible lueur, puis une flamme qui vint grandir et s'élargir pour former un anneau de feu.

« Regarde, Riwalen, ceci est le grand temps, celui du mythe, auquel j'appartiens. »

Le corps de Riwalen se mit à tanguer, la tête lui tournait et ses yeux se révulsèrent dans leurs orbites. Il entendit des pas précipités, des aboiements de chiens.

« Les revoilà ! Attention, Riwalen, gare à toi ! La Chasse Sauvage va déchirer les cieux. Ce soir, ce n'est pas le roi Arthur tel que j'ai pu l'annoncer à la taverne du Chaudron, mais le seigneur Gastern du château des Rues-Neuves de Tréhorenteuc qui la mène. Comme Arthur, il était aussi parti traquer le gibier le jour des morts. À l'heure des vêpres, la sentence divine ne se fit pas attendre et ses compagnons, robes de bure comme cottes de mailles, furent pétrifiés. Ils sont non loin d'ici, formant un cercle de pierres, nommé “le Jardin aux Moines”. »

Merlin éclata encore de rire.

« Quelle mascarade ! »

Riwalen vit, dans le ciel obscur, une des cavalcades des plus étranges et extraordinaires qui soient, conduite par un chevalier sans tête. Cavaliers en haillons et moines aux robes déchirées, dans un grand fracas de chaînes et l'aboiement infernal de molosses, ils traversèrent l'espace.

« Les voilà : la Chasse Artus, la Mesnie Hellequin, le Grand Herne… Qu'importe ! Ils sont venus accomplir leur sarabande rituelle. »

C'était plus qu'il n'en fallait pour le jeune homme. Il tomba à la renverse, le corps pris de convulsions, et sombra dans l'inconscience.

IMBOLC [1]

Puissance

Des nuages gris acier se bousculaient et s'entassaient dans le ciel, poussés par le vent de l'hiver. Merlin rit, chahuta avec les éléments et vint se poser auprès de Riwalen encore à demi inconscient. Ils étaient au centre d'une clairière ; de celle-ci partaient de longues allées enherbées se prolongeant vers l'infini. Le givre avait empenné les hautes végétations. Le sage se tenait au-dessus du jeune homme. Riwalen sentit comme une aile lui caresser le visage et crut entendre un croassement dans la voix du sage. Les membres du jeune homme commençaient à s'engourdir par le froid.

« Ça va ? Lève-toi ou tu vas te transformer en glaçon pour de bon ! »

Merlin s'affairait, s'activait ; il déposa en grande hâte, autour du jeune homme, un cercle de flambeaux.

« Ceux-ci feront l'affaire le temps que tu recouvres tes esprits. Tu as voyagé, Riwalen, tu as réussi ! »

Merlin lança dans le ciel le paquet de cartes. Dans la nuée, elles se transformèrent en un vol d'oies sauvages.

1. Fête du printemps et de la fécondité célébrée le 1er février. Imbolc est une des quatre grandes fêtes de l'année celtique.

Seule retomba, sur le sol gelé, la dame de carreau. Le sage rit à gorge déployée. Venant se saisir de la carte, il l'agita sous le nez du jeune homme.

« Puissance, Riwalen ! Nous avons tous rêvé de cela, n'est-ce pas ? D'être invulnérable, invincible, indestructible. »

Le ciel menaçait, grondait, les arbres craquaient, geignaient, les feuilles bruissaient, s'agitaient laissant échapper mille chuchotements angoissés. Lorsqu'un geai se mit à chanter, la terre se mit alors à trembler. Riwalen se redressa en prenant appui sur ses avant-bras et adressa un nouveau regard interrogateur au sage.

« Vite, Riwalen, ne restons pas ici, nous devons encore reprendre le chemin. La vieille femme de l'hiver a dû jeter son manteau de glace sur les courbes rondes de Brécilien. Autrefois, elle était crainte de tout le monde car sa colère était aussi féroce que le vent du nord. Chaque automne, elle frappait les terres celtes – Grande et Petite Bretagne – de son marteau magique, et l'herbe se transformait en éventail de givre. Tu as pu déjà le constater tout autour de toi, jeune homme. Il nous faut continuer le chemin, surtout ne pas fuir mais nous rendre près de Fort Williams, dans les montagnes déjà enneigées entre les Lowlands et les Highlands. C'est là qu'elle a dû établir sa nouvelle forteresse de glace ! Nous sommes en Écosse, Riwalen, tu as voyagé.

« Ah ! Ici je me nomme Lailoken ! »

Et le vieil homme lui fit une révérence, puis il continua d'expliquer :

« Durant ces quelques mois sombres, l'ancienne – appelée ici la Cailleach – gardait autrefois jalousement auprès d'elle la jeune et belle Bride, car elle avait peur que son fils préféré, Angus le toujours jeune, vienne à découvrir le radieux visage de Bride. Comme ce qui est caché finit toujours pas être révélé… »

Merlin, alias Lailoken, interrompit brutalement son discours et se remit en marche, laissant en suspens l'histoire de cette vieille croyance celtique.

Ils se trouvaient maintenant perchés sur un haut rocher surplombant la Clyde, ils dominaient la péninsule de Rosneath offrant de magnifiques panoramas sur le bras de mer pénétrant intimement dans les terres. Dans le lointain, au-delà du Loch Lomond, dans les montagnes drapées de brumes, Riwalen crut apercevoir des cavaliers, leurs étendards flottant au vent, et retentirent leurs cris se lançant dans la bataille.

« Tu vois loin ! gloussa Merlin. C'est la colline de Bennachie, couronnée par un fortin en ruine aujourd'hui. C'est là que les Pictes rencontrèrent les Romains. Oui, loin, Riwalen, car cet affrontement s'est passé durant le Ier millénaire de votre ère ! »

Tout à coup, un homme, le visage et le corps peints en bleu, sembla prêt à sauter à la gorge de Riwalen, mais la vision s'arrêta net.

« Nous allons longer la rive ouest du Loch Lomond et traverser les Trossachs. Vigilance, ami, cette vallée résonne encore de la présence de la Dame du Lac, grâce à ce cher Sir Walter Scott. Ce qui n'est pas pour me déplaire. Une vieille histoire à te conter, mon ami, mais je garde le meilleur pour la fin ! » déclara joyeusement Merlin.

Merlin plongea sa main dans une des poches de sa robe, il sentit au creux de sa paume se lover le métal froid et glissant de son serpent d'argent. Pour se rassurer, il se dit qu'il trouverait peut-être à Fort Williams un endroit où le faire réparer. Il y avait tant de choses à faire ! Il se mettait presque à regretter la vie éternelle. En consolation, le dragon tatoué au creux de ses reins se mit à bouger, réveillant des souvenirs du sage enfant, et il se remit à parler :

« C'était au temps du règne de Vortigern, il avait usurpé le pouvoir des deux fils de Constantin. Mais il vivait dans la crainte et les tourments du retour de la légitimité royale. Pour surveiller les alentours et prévenir toute embuscade, ce despote donna un jour l'ordre de faire ériger la plus haute tour qui soit. Dans son orgueil, Vortigern souhaita que sa cime soit au-dessus des cieux. Pour ce faire, il avait convoqué les meilleurs mages du royaume, ainsi que les plus grands architectes et de courageux ouvriers. Après maints calculs savants, consultations des mouvements des planètes et reconnaissances des différentes constellations, le chantier commença. À peine la tour fut-elle sortie de ses fondations qu'elle s'écroula. Furieux, entêté, Vortigern fit remettre par trois fois cet ouvrage, en vain : la tour continua à s'écrouler. Fou de rage, le tyran appela à nouveau ses astrologues afin de comprendre pourquoi sa tour ne s'érigeait pas. Tous convinrent, pour assurer la solidité de la construction, de la nécessité d'avoir recours au crime : celui d'ôter la vie d'un enfant de sept ans, né sans père, et de mélanger son sang au mortier afin que la tour puisse se construire. Vortigern accepta car il avait perdu son sens et il n'était plus à un délit près. Alors, il manda douze messagers par le royaume et au-delà, enveloppés de manteaux d'obscurité afin de trouver cet enfant.

« C'était moi ! déclara Merlin en se redressant et en bombant quelque peu son torse rachitique.

« Pris par l'absurdité de cette construction, le vertige de la tour, Vortigern ne mit pas en doute les assertions de ces mages. Mais qu'avaient-ils lu exactement dans la voûte céleste ? Bien que séparément, ils avaient tous eu la même vision : celle d'un enfant qui provoquerait leur perte, et accessoirement celui de leur souverain. Merlin fulminait. Ils avaient corrompu leur art, Riwalen, celui de l'astrologie ! Les messagers m'ont trouvé à l'ouest de la Grande Bretagne, au pays des Démètes où ma mère s'était installée. Je devais quelques décennies plus tard être à leur tête. Le petit Merlin, roi des Démètes ! En attendant, à Carmarthen, dit Merlin avec un brin de nostalgie dans la voix, il fallut prendre congé de celle qui m'avait donné la vie pour faire preuve de puissance. Alors je les ai suivis, tout en récitant sur le chemin les moindres détails de leur mission. Leurs vêtements s'éclairaient progressivement, reconnaissants de l'attention que je leur portais. J'en profitai à quelques endroits pour soulever le voile des apparences, jouant avec notre compagne préférée : l'illusion. Arrivés à la cour, les envoyés narrèrent à Vortigern quel merveilleux devin je faisais, battant des mains comme des enfants. Assurément, ce périple à mes côtés les avaient quelque peu transformés. Je pus donc m'amuser à faire toute la lumière sur cette tour croulante. »

Merlin s'arrêta, contractant son dos :

« Mon dragon se réveille toujours car il raffole des histoires des siens ! Eh bien, oui, car je fis la révélation suivante à ce despote : sous la tour se trouvait un lac profond dans lequel dormaient paisiblement deux dragons aveugles, un blanc et un rouge. Le poids de la construction les contrariait pendant leur sommeil, pesant sur leurs dos d'écailles. Ils s'agitaient et la tour s'effondrait. Il voulut en avoir le cœur net et fit creuser. Mis à jour, les dragons se réveillèrent ; commença alors un terrible combat. Toute la population, du guerrier à l'esclave, s'était enfuie. Seul Vortigern regardait ce combat qui s'était élevé et se déroulait maintenant dans le ciel. Et le dragon rouge mit à mort le dragon blanc. Cette vision nécessitait une interprétation, car Vortigern ne pouvait comprendre le sens profond de cet avertissement. Il jura de ne me faire aucun mal. Je lui expliquai donc le contenu de ce message :

"Le dragon blanc, c'est toi, et le rouge, celui de la descendance de Constantin – les frères Pendragon dont tu as usurpé le trône. Ce combat annonce ta mort et le retour de la légitime royauté."

« Je disparus bien sûr à la suite de cette révélation, à l'aide de quelques feux de Bengale, n'ayant aucune confiance en ce tyran !

« Peu de temps après, les fils de Constantin revinrent pour reprendre ce qui leur revenait de droit : cette terre. Quant à Vortigern, il périt brûlé vif dans sa citadelle de Ganarew sur la Wye au pays de Galles, comme je l'avais prédit. Je sais, j'ai toujours su, mais je répugne à cet exercice de style. Mais il fallait bien donner ces quelques représentations pour subjuguer ces pauvres mortels ivres de pouvoir et assoiffés de puissance !

« Quelque temps plus tard, l'un des fils de Constantin, Uther Pendragon, me fit chercher. Tant d'hommes valeureux étaient tombés au combat, même son frère ! Il souhaitait ardemment leur donner une sépulture à la mesure de leur courage. Je l'avais épié, testé en jouant de la métamorphose afin de voir de quel bois était fait cet homme-là. Nécessitait-il de prolonger mon séjour dans ce monde ? J'avais tant de nostalgie pour l'âge d'or – ce temps qui avait suivi la création de vous autres, les hommes, ce temps d'innocence, de justice, d'abondance et de bonheur où notre mère, la terre, jouissait d'un printemps perpétuel, où les champs produisaient sans culture, et où vous viviez comme votre ami Merlin presque éternellement et mouriez sans souffrance, en vous endormant pour toujours. Je voulais le réinstaurer, cet âge d'or. Pour cela il me fallait un homme de ce monde, un roi de chair et de sang. Lui, il lui fallait un conseiller, un stratège ; c'est à ce moment-là que j'ai endossé ce rôle. Commençant à m'emmurer, j'acceptai de l'aider à gouverner. »

Dans le dos de Merlin, quelque chose s'était mis à se mouvoir et le corps du vieil homme semblait se perdre maintenant dans des volutes de fumée.

« La puissance du dragon, je l'ai réveillée, ne mesurant à l'époque aucune des conséquences de ce geste ! Uther, devenu roi de Grande Bretagne, exigeait une sépulture monumentale. Je lui demandai d'armer un vaisseau, et dans l'aube d'un matin pâle nous quittâmes Duncansby Head situé à l'extrême nord de l'Écosse, pour les îles Orcades. Uther était drapé fièrement d'un tartan, couvert de fourrure, les jambes enroulées dans des lanières de cuir. Il ne lui manquait plus qu'une épée, l'épée des rois. Il me semblait faire voile vers la terre promise, effectuer un retour au pays. C'était presque cela car je l'emportais par-delà ces îles, au nord du monde, sur les terres de nos ancêtres communs, les géants, chantés par quelques grands récits mythologiques comme la bataille de Mag Tured ou encore la Genèse. Là où la terre semblait faire un pli pour nous faire basculer dans le vide, notre vaisseau s'arrêta, planté droit sur la quille, dans un sable d'une exquise douceur et d'une extraordinaire blancheur. C'était le pays des siècles passés, celui du clan des Dana ; ils étaient la dernière génération des êtres extraordinaires avant les premiers hommes. Ils avaient été contraints de quitter le monde du dessus pour celui du dessous. Paysages étranges, lunaires, Uther ne se montrait pas pour autant impressionné. Au loin se dressaient d'immenses collines. Au fur et à mesure que nous avancions, le souverain comprit qu'il ne s'agissait pas de formations géologiques mais d'immenses corps alanguis et endormis. Ils étaient plongés dans ce profond sommeil depuis tellement longtemps déjà que l'herbe s'était mise à pousser dessus. Je le fis avancer jusqu'à un cercle composé cette fois de véritables pierres réunies en leurs sommets par d'autres, posées à l'horizontale. Cette couronne était le monument idéal pour ces valeureux guerriers tombés sur le champ de bataille. Uther se posta à côté de l'une d'elles ; malgré sa puissante stature, il n'arrivait même pas au quart de sa hauteur. Le roi, satisfait de ce monument, se posait maintenant une foule de questions. Dont la plus cruciale : comment soulever ces pierres pour les transporter de ce lieu incertain à la plaine de Salisbury ? Au centre, sur un dolmen, dormait une femme nue, aux formes amples et généreuses. Je sentis ma gorge se nouer. C'était Dana, la reine du clan. Je m'approchai pour la réveiller, la caressant d'abord timidement puis hardiment. Ses hanches se mirent à onduler, ses seins à se dresser. J'aurais voulu m'abreuver à cette poitrine, me perdre dans ses formes, incarnation de la mère originelle et regret des océans de la mienne. Elle ouvrit ses grands yeux clairs et je m'empressai d'excuser ce léger trouble du sommeil.

"Comme tu es petit, Merlin !

— Non, c'est toi qui es grande, ô Déesse. Tu appartiens au règne des géants et j'ai dû procéder à quelques changements de mon côté pour ne pas effaroucher les humains."

« J'exposai ma requête d'emporter la couronne de pierre. Dana acquiesça et accepta car le temps des anciens dieux n'était plus. Mais ses fils dormaient profondément et ne pourraient nous être d'aucune aide. Il fallut donc accomplir cette œuvre titanesque seuls. Quant à Dana, elle se retourna et se rendormit aussitôt, m'offrant la vision de deux galbes rebondis.

« Uther avait assisté à la scène, perplexe, se demandant à nouveau comment nous allions déplacer ces pierres de cette lointaine contrée à son royaume. Je rassurai le roi et l'accompagnai jusqu'au vaisseau où j'invoquai les vents favorables afin qu'il puisse rentrer sans encombre.

« Une fois mon roi congédié, je revins vers le cercle de pierre. Le monument était plongé maintenant dans une atmosphère irréelle, baigné de rose et de mauve. Un vent étrange s'était mis à souffler agitant le paysage comme une simple toile de fond. Étions-nous le jour ou la nuit ? Je sortis de ma grande manche ma harpe. Des pierres précieuses de cornaline, de cristal de roche et d'émeraude étaient incrustées sur le pilier de celle-ci ; elles se mirent à luire intensément. J'entonnai d'une voix sourde et puissante un chant à la mémoire du monde, mélopée en hommage à la puissance du son, ce chant intérieur de l'âme qui laisse en nous une profonde nostalgie et la mélancolie de contrées oubliées, abandonnées. Les blocs de pierre reconnurent cette complainte et s'arrachèrent un à un du sol dans un mouvement gracieux de spirale. Tout redevint silencieux au pays de la déesse Dana, monde du dessous. J'avais disparu, empruntant les portes du temps pour rejoindre Uther. Les pierres m'avaient bien sûr précédé dans la plaine de Salisbury. Celles-ci jonchaient le sol sous le regard dépité du roi. Je m'avançai vers l'une d'elles et commençai à lui parler. Une à une, elles se dressèrent pour former à nouveau ce cercle parfait. Voilà qui était mieux ainsi ! L'anneau de pierre reposait dans un écrin de verdure, là où autrefois la plaine avait été rougie par le sang de ces valeureux guerriers.

"Nous boirons ce soir à ta puissance, Merlin !" déclara satisfait Uther.

« Je laissai un ricanement m'échapper :

"Je t'ai ramené un petit quelque chose du nord du monde, Uther. Je l'ai trouvé entre les seins de la Déesse."

« D'un geste magistral, je rejetai le pan de mon manteau et je tendis au roi une superbe épée :

"Elle a appartenu à Nuada à la main d'argent, dieu irlandais et chef du clan de la déesse Dana. Claimh Solais, celui qui la porte devient invincible."

« Plus tard, Riwalen, elle changera de nom ; tu la connais déjà, tu as murmuré son nom… Excalibur.

« En mémoire du peuple des géants disparus, du clan de la déesse Dana, je m'étais déjà rendu dans l'archipel des îles du Nord du monde. À chaque escale, je reçus, de mes frères les grands druides s'abreuvant encore à la sagesse primordiale, des talismans magiques. À Falias, la pierre de Fal, rocher de souveraineté, criant sous le pied de l'élu. De Gorias, je rapportai la lance du dieu Lug le polytechnicien, arme terrible aux mortelles blessures et de Murias le chaudron du père du panthéon celtique, le bon dieu Dagda. Quant à l'épée, elle venait de Findias. Ces insignes de la royauté suprême devaient servir au temps de la quête, mais celui-ci n'avait pas encore commencé. Peu à peu, l'étau se resserrait autour de moi, je me scindais, moi qui avais connu l'unité. Je devenais un Janus Bifrons, un personnage placé sous la figure du double, l'un vivant dans la forêt, l'autre à la cour, un Merlin civilisé, un autre sauvage. Ces deux tendances se combattaient en moi, sans doute l'un aspirait au ciel, l'autre était fasciné par l'enfer. C'est peut-être à ce moment-là que l'on a fait de moi le fils du diable et d'une sainte, un peu à l'image de vous tous, et c'est pourquoi je suis encore aujourd'hui si cher aux cœurs des humains…

« Ainsi le roi Uther avait eu son monument dressé à la mémoire de son frère et de ses compagnons. Avec mon aide, il gouverna son royaume et un jour il décida de rassembler tous ses alliés car la paix dans ce monde ne dure jamais très longtemps. »

Merlin et Riwalen avaient longé la rive ouest du Loch Lomond, toujours vers le nord en suivant la voie ferrée. Ils montèrent jusqu'à Crianlarigh, entouré des imposantes collines de Breadalbane, et traversèrent le petit village de Tyndrum. Le sentier était constellé de perce-neige. Au loin, Riwalen vit les cerfs descendre dans la vallée. Le paysage était grandiose et romantique. Un aigle les accompagna jusqu'à Rannoch Moor ; Fort Williams se trouvait à quelques lieues de là.

« As-tu déjà oublié pourquoi nous avons traversé ces paysages sauvages, ces immensités couvertes de landes et d'étangs, ces hautes pentes escarpées encadrant notre chemin et pourquoi nous allons bientôt escalader une montagne ? C'est pour Bride, Riwalen, symbole du printemps. Tu te souviens ? Ce qui est caché finit toujours pas être révélé.

« Un jour, le fils de la Cailleach, Angus, alla consulter en Petite Bretagne, dans la forêt de Brécilien, la fontaine de Jeunesse. Il vit, d'abord, des orages et des vents, puis lui apparut plus éblouissante qu'un soleil radieux, la beauté de Bride. Pour retrouver sa bien-aimée, malgré l'humeur incertaine de février, Angus lança un enchantement sur la terre : il emprunta trois jours au mois d'août pour les donner à celui de février. Alors l'astre du jour s'éleva haut dans le ciel et darda de ses rayons joyeux les vals et les forêts, tandis que la surface des lacs se faisait lisse comme du petit lait. Angus prit son destrier blanc et chevaucha au cœur de la forêt magique. Parmi la plainte lugubre du vent, il reconnut la voix triste et douce de Bride ; elle chantait pour réchauffer son âme. Car l'infâme vieille femme lui avait commandé de ramasser du bois, ne se souciant guère de la morsure du froid. Quand Bride leva les yeux sur Angus, elle sentit son être envahi d'une douce chaleur et, autour d'elle, la terre se mit à frémir d'aise, l'herbe nouvelle verte et tendre poussa, çà et là les premières primevères jaune pâle se mirent à éclairer les sentiers assombris, plongés dans l'oubli de l'hiver. Alors dans son château de glace, la vieille femme sentit le flux de la vie battre les tempes de Brécilien et sut qu'aucune force ne pourrait s'opposer à l'amour qui venait d'unir Angus à Bride. Elle laissa choir son marteau magique, son manteau de givre, s'enfonça dans les entrailles de la terre et elle se transforma en une grosse pierre grise, contrainte à dormir sous les affleurements rocheux de la forêt de Brécilien jusqu'au retour d'un autre hiver. Elle git là quelques fois, sous le tombeau de la Roche à la Vieille, située sur la lande escarpée. En attendant, la terre célébrait les épousailles du roi de l'été et de la princesse du printemps, la joie et la liesse qui allaient durer quelques mois car le printemps était là dans l'herbe nouvelle et dans ces petites fleurs jaunes étincelantes comme mille soleils. Maintenant, la Cailleach s'est retirée sur les hauteurs du Ben Nevis, ici, en Écosse. Nous devons la contraindre à nouveau à laisser partir Bride et à laisser choir son marteau quelques mois, comme à chaque saison. Une fois la roue du cycle des saisons réamorcée, nous pourrons passer Darkmill, nous traverserons alors le Loch Arkaig pour aller au bord de mer, au petit port de Mallaig sur la côte ouest. Ils proposent des mets délicieux issus de leur activité principale : la pêche.

Sur les hauteurs du Ben Nevis, Riwalen eut une vision d'horreur, celle d'une femme au grand corps décharné, vêtue de lambeaux de tissus, laissant entrapercevoir un pan de chairs flasques, de grandes mains aux ongles en deuil couvertes de mitaines, un visage bleui par le froid et un seul œil fiché au milieu du front. Mais il fut aussi le témoin de l'hiver s'inclinant face au printemps. Il vit la jeune Bride avec sa baguette blanche souffler la vie dans la bouche de l'horrible Cailleach. Soupirs et rires commençaient à s'élever dans le ciel tandis que la vieille femme sanglotait, contrainte à fermer progressivement son unique œil. Au moment où celui-ci allait se clore, Riwalen eut le malheur d'être capté par ses dernières lueurs glaciales. Il eut juste le temps de voir Merlin se précipiter à son secours, alors qu'il se sentait partir à la renverse et son corps se raidir de froid.

Lorsqu'il se réveilla, étendu sur le sable, sous un radieux soleil, il se trouvait déjà à Mallaig. Merlin était accroupi, occupé à tresser une croix de joncs tout en surveillant de l'eau mise à bouillir.

« Je t'ai préparé une tisane d'écorces de saule blanc, cela va t'aider à oublier l'hiver et à entrer dans le printemps. Ce n'est pas évident pour un simple mortel de contempler la souveraine nocturne. L'ancienne de la nuit a cédé la place à la jeune fille du regain de la force cosmique. Je t'ai confectionné une amulette, une croix de Bride. Portée à la taille, c'est un puissant talisman de protection. Il t'aidera à te mouvoir entre ce monde et l'Autre Monde. »

Merlin contempla une dernière fois la carte représentant la dame de carreau.

« Puissance, Riwalen. J'aurais pu céder à elle. Tu m'as aperçu au milieu de cette mêlée presque méconnaissable, pris par la hargne de la bataille, n'est-ce pas ? Les cheveux dressés sur le sommet du crâne, les veines saillantes sous les muscles, et le visage, les yeux exorbités, possédé par la *ferg*, la puissance guerrière. Tu as été ébloui comme moi par la lame de cette épée extraordinaire, venue du nord du monde, baptisée par la suite *Excalibur*. La bataille d'Arderydd a pris tous mes compagnons, ma compagne a fui, m'arrachant ma fille. Ce combat m'a précipité dans la folie ou peut-être la sagesse. J'aurais pu continuer à être roi car j'avais connu la puissance de l'épée. Mais j'en connaissais les méfaits et les conséquences, je l'avais expérimenté par moi-même. D'autres compagnons furent aussi le jouet de cette puissance.

« Il me revient en mémoire l'exemple de ce pauvre chevalier Balin, porteur d'une épée qui fut maudite entre ses mains, car l'ivresse du pouvoir le mena à tuer son propre frère Balan. J'avais rapporté des îles du Nord du monde ces talismans magiques et choisi d'en confier deux, le chaudron et la lance, au roi Pellam, en son château de Corbénie. Or Balin fut amené à croiser l'un de ces deux objets merveilleux sur le chemin de cette éblouissante demeure. Mais il n'y était pas préparé, bien au contraire. Il était hors de lui, animé par la colère car un de ses compagnons avait été tué et il cherchait à tout prix à venger la mort de celui-ci. Noble dessein ? Peut-être ? En tout cas il trouva le coupable, qui était un des hôtes du roi Pellam. Il le trouva et le tua sur-le-champ, sans se préoccuper du reste. Pellam se mit à poursuivre Balin, poussé par le seul motif de comprendre pourquoi il avait agi ainsi. La demeure était immense et bientôt Balin fut perdu dans le dédale des couloirs, vaste labyrinthe. Finalement, au bout d'un étroit corridor, il vit une arche surbaissée encadrer les degrés d'un escalier. Il l'emprunta, et celui-ci le mena au sommet d'une tour devant une porte sculptée d'étranges signes. Un court instant, Balin tenta d'en déchiffrer le message, puis il ouvrit la porte et pénétra dans une pièce étrangement silencieuse et solennelle. Les murs étaient tendus de velours bleu constellé d'étoiles d'or, le sol, recouvert d'une mosaïque noire et blanche. Au milieu de cette splendeur, une table soutenait un objet que le chevalier ne pouvait voir car il était recouvert d'un drap de lin pur. Mais il put en distinguer les contours. C'était une lance, la lance de Lug rapportée de Gorias. Elle étincelait, pointe en bas. Balin sursauta car il avait l'impression d'avoir foulé la terre des anciens dieux, celle bien sûr du clan de la déesse Dana. Il crut voir ces paysages plongés dans de grandes aurores boréales, ces contrées oubliées du nord du monde. Le pas puissant du roi Pellam se fit entendre et il vit sa haute silhouette se découper dans l'embrasure de la porte. Alors pris de panique, tel un fauve, sans réfléchir, Balin tendit la main, se saisit de la lance dorée et se retourna pour frapper le roi à l'aine. La terre se mit à trembler, des plaintes lugubres se firent entendre, Balin s'était replié sur lui-même et un sommeil étrange s'empara de lui. Lorsqu'il s'éveilla, j'étais à ses côtés dans un désert, sur une terre dévastée. Le château de Pellam, Corbénie, avait basculé dans l'Autre Monde et son chemin était effacé de la mémoire des hommes. Le roi souffrait maintenant d'une étrange langueur, entraînant la disparition des talismans magiques. Moi qui croyais avoir déposé ces objets sacrés dans des lieux intouchables et en sécurité… Les insignes du pouvoir étaient en train de disparaître. Je ne devais plus tarder et lancer la quête. Je compris alors que l'énergie, Riwalen, était dans le renoncement et le détachement. En quittant ce monde, ce champ de bataille, comme cette terre *gaste*, désolée, je fuyais des fantômes furieux, préférant à la férocité des hommes la fréquentation des animaux sauvages. »

Merlin sortit à nouveau d'une de ses manches, le paquet de cartes et se mit à psalmodier :

« Pique et carreau : Courage et Puissance. Les temps ont changé, Riwalen, c'est pourquoi les magiciens se sont retirés dans l'Autre Monde. La féerie a fondu comme la banquise sous le soleil, laissant çà et là subsister vaillamment quelques îlots épars, fiers bastions d'un passé merveilleux. Ces fragments sont en nous encore, c'est un peu d'enfance qui s'insurge et un imaginaire qui se rit des lois du temps et de l'espace. Voilà pourquoi une partie de vous croit encore au monde des merveilles. Malheureusement l'homme s'est détaché progressivement de la nature et s'est enfermé de plus en plus en lui-même, faisant de l'ignorance et de la souffrance ses compagnes de prédilection. »

Deux cygnes, l'un blanc, l'autre noir, vinrent alors se poser sur la mer.

« C'est un signe ! jubila Merlin. Riwalen, comme le cygne repose sur la surface du lac, sans mouiller son plumage, une personne libérée peut résider dans ce monde sans céder à l'illusion, sans être submergée par des émotions. Tu peux devenir cela », déclara Merlin en pointant du doigt les deux oiseaux majestueux, et il jeta dans le ciel le vieux paquet de cartes.

Au même moment, les nobles cygnes prirent leur envol, se disputant une des cartes. Un valet de trèfle finit par tomber aux pieds des deux voyageurs. Le sage se pencha sur la carte avec beaucoup de difficultés, sa main droite tremblait et son visage semblait plus marqué.

« Cette vie est un théâtre, Riwalen, contente-toi de rire quand la pièce est comique, de pleurer lorsqu'elle est triste et d'applaudir à la fin de la représentation. »

BELTAINE [1]

Savoir

Le vol des cygnes et le croassement des corbeaux avaient laissé la place aux rires moqueurs des mouettes. Un vent plus fort apporta jusqu'aux lèvres de Merlin et de Riwalen le goût du sel laissant une brûlure sur leurs bouches et le désir de boire.

« Sens-tu ce goût de sel ? Tu crois oublier cette brûlure mais elle est au fond de toi, nous la portons tous. Tu as bien entendu le chant des oiseaux de mer, le temps de siroter ta tisane de saule et nous avons quitté Mallaig en Écosse pour les Cornouailles. Voilà ce que peut faire encore ce bon vieux Merlin. Tu fais de vifs progrès, Riwalen, tu ne t'es même pas évanoui en te mouvant d'une terre à l'autre ! Qui sait ? Tu deviendras peut-être un grand chaman – ce que je fus au commencement du monde. Ici, nous sommes proches du pays de Galles, ils m'apparentent à Taliesin ! »

1. Grande fête celtique honorant le dieu Bel (Bélénos). Beltaine marque l'entrée dans la seconde partie de l'année celtique : la saison claire. Elle est fêtée le jour du 1er mai et autrefois d'importants feux rituels étaient allumés pour cette grande occasion. Elle symbolisait l'engagement définitif notamment celle de la confiance dans la destinée.

Riwalen était le témoin d'un magnifique spectacle, une forteresse sombre s'avançait majestueusement dans les flots. Le soleil, boule incandescente, semblait progressivement être avalé par les flots.

« Nous sommes à Tintagel, forteresse imprenable bâtie sur un éperon rocheux. Elle appartenait au duc Gorlois, ou plus exactement à sa délicieuse épouse Ygraine. Une femme-fée assurément, car sa demeure disparaissait deux fois par an, au moment des solstices, pour basculer dans l'Autre Monde. Regarde, cela devrait être aujourd'hui un champ de ruines. Vois la puissance du mythe : la forteresse s'est reconstruite. Le roi Uther avait eu son monument dressé à la mémoire de son frère et de ses compagnons. Avec mon aide, il avait commencé à gouverner, et un jour il décida de rassembler tous ses alliés pour assurer la protection de son royaume. Te souviens-tu ? La paix dans ce monde ne dure jamais très longtemps. »

La nuit revenait, ils étaient au pied des grandes falaises.

« Le brouillard ne va pas tarder à envelopper le paysage. Sorti des âges sombres, des ténèbres, j'ai voulu façonner un roi. Que dis-je ? Une dynastie ! Vois-tu où m'a mené ce désir de puissance, Riwalen ? Je leur ai même offert de s'acoquiner avec mon esprit tutélaire, le dragon ! »

Merlin souleva sa grande robe jusqu'aux genoux et exécuta un pas de danse. Il esquissa une courbette et sembla inviter à danser un partenaire invisible, celui-ci prenait progressivement de l'ampleur, de la hauteur. Quand il se tourna vers Riwalen tout en lui adressant un clin d'œil appuyé, il déclara :

« Mon dragon ! Tu ne peux le voir mais il est là ! »

Quel être fantasque ! pensa le jeune homme en regardant le vieil homme pris maintenant dans une sarabande endiablée qui finit par avoir des airs de transe.

« Attention au dragon, Riwalen, il va s'éveiller, il est la puissance manifestée de ce monde, mais malheur à celui qui n'est pas prêt pour l'accueillir, il l'enflamme intérieurement. Tu vois ce que peut devenir une brûlure oubliée ? Un incendie, un brasier et tu t'embrases, immolé sur l'autel de ton propre corps. Si tu ne peux pas porter la flamme de la légende, inutile de ranimer la puissance du mythe, celui-ci peut te consumer. »

Dans le silence de la nuit, la brume enveloppait la forteresse, sa roche sombre basaltique étincelait. Elle semblait évanescente, flottant tel un château dans le ciel. Merlin vint chuchoter à son oreille :

« Le voilà qui s'avance, ne sens-tu pas la terre trembler ? Il est sorti de son antre, je sens ses griffes sur le sol et son souffle nous soulever. C'est par une nuit comme celle-ci que j'ai invoqué la puissance du dragon. Tu comprends, les temps étaient obscurs, ils étaient dans la nuit. C'était un temps de guerre où les forces du chaos se déchaînaient. Leur terre était *gaste*, c'est-à-dire dévastée, dépouillée, il leur fallait un roi, une épée de pouvoir jaillie d'un lac et un magicien pour accompagner le tout. (Merlin se mit à ricaner.) Voilà comment le mythe a surgi et a fleuri. Un roi pour ramener la lumière, instaurer la paix et l'abondance dans le royaume. Pauvre fou que j'étais ! Tout semblait se dérouler selon mes plans, les fils du destin s'entrecroisaient harmonieusement jusqu'au moment où Uther se perdit dans le regard de cette femme, Ygraine, l'épouse de son vassal, Gorlois de Cornouailles, duc de Tintagel. Gorlois a attisé son désir, le provoquant presque en lui déclarant :

“Tu es peut-être le roi d’une terre, mais tu ne possèdes pas de femme. Un roi n’est rien sans la souveraineté. Quant à la mienne, elle surpasse en beauté toutes les autres de ton royaume.”

« Qu’est-ce que la terre, Riwalen, sans la femme ? Ne sont-elles pas une seule et même chose ? Les propos que Gorlois osait avancer étaient vrais. La vue d’Ygraine déclenchait la fureur des hommes et provoqua la folie du roi. Il la lui fallait à tout prix comme un enfant exige un nouveau jeu. Ses hommes contre ceux de son vassal n’étaient plus que de vulgaires petits soldats de plomb. Uther avait déclaré la guerre au duc alors qu’il l’avait invité à signer un pacte de paix. Déjà les lourdes portes de la forteresse résistaient à l’assaut du bélier royal. Le roi me cherchait, je m’étais retiré afin de méditer, révolté de voir tout à coup les précieux fils de mon canevas s’emmêler. Uther m’appelait, il rampait sous sa tente, il m’implorait, il me harcelait. Il en avait perdu la faim et la soif. Cette femme l’obsédait. Je ne voulais pas perdre la trame de la toile patiemment constituée, qu’importe le dessin, la trame, elle, devait être de mon côté. Je retrouvai donc Uther disposé à satisfaire sa convoitise en lui déclarant :

“Quoi qu’il advienne de cette nuit-là, le fruit sera mien.”

« Je répugnais à utiliser la magie, mais poussé par la volonté impérieuse du roi et afin que le destin s’accomplisse, je me postai ici, sur cette falaise, au bord de la rumeur des vagues, proche de la forteresse battue par la mer. J’invoquai la nuit, les songes et réveillai le dragon. Malgré le précipice, les éléments qui se déchaînaient, Uther chevaucha le brouillard, porté par la puissance de son désir.

Le souffle du dragon lui fit franchir les lieux béants où grouillaient des eaux noires. Mon incantation lui avait permis de prendre l'apparence du duc Gorlois de Cornouailles. »

Merlin baissa les paupières, il esquissa une sorte de grimace, rictus de désespoir. Il se griffait le visage, s'arrachait les cheveux. Tandis qu'il se bouchait les oreilles, il déclara en haletant :

« Tandis qu'Ygraine, sous les yeux de sa petite fille Morgane s'abandonnait à la fureur du faux duc, au même moment, victime d'une embuscade, son mari, Gorlois, mourrait brutalement empalé par un épieu. Ma trame se brouillait et la fille d'Ygraine ne cessait de hurler :

"Mon père est mort, il a été assassiné !"

« Je me bouchais les oreilles, ne supportant plus les cris de cette enfant. Il a eu son plaisir, mais c'est moi qui ai engendré véritablement l'enfant grâce à la force du dragon. Je ne pensais pas pouvoir l'avouer un jour : toute cette magie, cette poudre jetée aux yeux ! J'avais déjà été assez sage en renonçant à la puissance d'Excalibur, délaissant la royauté terrestre. Mais, à la conception de cet héritier mâle, je ne pouvais m'y résoudre. »

Merlin se cachait maintenant le visage entre ses mains, il semblait pleurer.

« Tu ne peux pas comprendre, Riwalen, l'horreur de la guerre, le massacre de mes compagnons. Tout ce sang et cette boue, et ma femme partie, Gwendolene, qui m'avait arraché ma petite fille ! Je me disais : "Alors ce sera un fils !" Le temps des humains avait déjà trop coulé, mes pouvoirs avaient évolué. Ils n'étaient plus ceux d'un magicien du temps primordial. La terre des miens avait été bafouée, soumise par l'envahisseur romain, mes frères avaient été tous massacrés dans l'île de Man, croyant y trouver refuge. Quant aux derniers chefs de clan, ils étaient tombés, même la vaillante Boudicca, reine de la tribu des Iceni, avait préféré le suicide à la soumission. »

Au loin, les cloches sonnèrent et la brume se dissipa, un jour nouveau semblait se lever.

« Ce sont les cloches des monastères de la nouvelle religion, de cet homme mort sur la croix. Patrick s'est mis en marche sur l'île verte et les derniers feux sacrés des druides sont en train de s'éteindre. C'est pourquoi nous entendons si distinctement leur son, malgré la distance qui nous sépare de l'Irlande. »

Merlin se remit à battre les cartes et à répéter :

« Pique et carreau : Courage et Puissance.
Trèfle et cœur : Savoir et Plaisir. »

Il battait les cartes, doucement, puis de plus en plus vite, si bien qu'à la fin, Riwalen ne les voyait plus. Elles vinrent à nouveau à former un cercle de flammes, ne faisant qu'effleurer les mains du vieil homme. Maintenant, le jeu tournoyait à une vitesse vertigineuse dessinant un anneau de plus en plus large dans les airs, une spirale qui devint autonome et s'éleva dans le ciel. Le sage plongea sa main droite dans sa poche pour retrouver le contact familier de son serpent d'argent. Son esprit alors entra à nouveau dans le temps primordial, là où il n'était pas encore la proie de la lutte entre le bien et le mal se disputant la chair de son être. Dans cette grande spirale formée par les cartes, Riwalen eut une étrange vision : de cette structure tournoyante, il vit l'une des cartes se métamorphoser en un cerf majestueux, puis une autre en un énorme sanglier, une troisième en un saumon argenté et une dernière en un faucon aux ailes déployées.

« Savoir, Riwalen, voilà ce que nous dit la carte du valet de trèfle, et cette forme étrange qui se meut au-dessus de nos têtes représente la roue de mon initiation. Avant de venir à nouveau dans votre monde sous l'aspect d'un homme, j'ai revêtu ces aspects successifs, ces différents états d'être. Un parfait initié ! pouffa Merlin. Grâce à ces métamorphoses, j'ai pu accomplir le chemin de la plus vieille mythologie du temps du rêve. J'ai traversé le Déluge, me faisant le témoin de l'arrivée des grandes religions. J'ai vu l'ordre de la nature et le désordre causé par les hommes Ces animaux sont sacrés et représentent l'ancienne tradition. Cette roue est un support à la méditation, elle exprime le sens de l'univers car vous êtes partie intégrante de la création. Elle a un message à vous délivrer : elle peut encore vous transmettre la sagesse de l'univers. Quand vous détruisez la nature, quelque chose en vous disparaît. De même, lorsqu'une espèce animale s'éteint, quelque chose meurt en vous aussi. Toute atteinte à l'environnement est une menace portée à votre équilibre intérieur, car le monde est en vous et vous êtes le monde. Quand sortirez-vous donc de ce cercle vicieux de l'avoir ? Il vous emprisonne, vous rend esclave et n'apporte que l'aliénation et la destruction. Quand cesserez-vous d'adorer le dieu du profit ? Vous avez reçu une sagesse millénaire et qu'en faites-vous ? Vous n'êtes pas des vivants mais des survivants se prenant pour les maîtres du monde. Vous ne savez pas, parce que vous êtes encore sous l'emprise du désir de puissance. Vous seuls attribuez aux animaux un rang inférieur dans la création. Mais eux seuls possèdent encore aujourd'hui l'intelligence de ce monde. Vos ancêtres le savaient, c'est pourquoi ils traitaient les animaux et la nature avec déférence, respect, prélevant simplement le nécessaire, ce dont ils avaient besoin. Mais vous êtes devenus cupides ; en voulant toujours plus, vous pillez la terre, notre mère à tous. N'entendez-vous pas son cri de souffrance ? Vous m'avez invoqué du fond des âges pour cela, n'est-ce pas ? Pour vous rappeler ce message, vous avez éloigné l'idée que le monde dans lequel vous vivez n'est qu'une apparence, qu'il vous faut chercher plus loin car il existe un au-delà, un autre monde. Regarde ces animaux, Riwalen, ils peuvent te guider entre ces deux mondes. »

Merlin se mit alors à exécuter une suite de mouvements. Vu de l'extérieur, son corps semblait se contorsionner dans tous les sens. Riwalen restait perplexe par tant de souplesse. De plus, les membres du sage semblaient se prolonger au-delà de son corps visible de chair, et le dragon avait rejoint le vieil homme, se régalant de ce jeu de postures.

« Mon dragon adore ça. En accomplissant ce rituel, je rejoue la danse de la création ; c'est ma petite sauvageonne qui m'a enseigné cela sans le savoir, elle le vit simplement ! Comme quoi je suis loin de tout connaître ! »

Merlin se trouvait à l'aplomb de la roue ; il cessa tout mouvement pour venir s'asseoir sur le sol, jambes en tailleur, et s'installer dans la caverne de son cœur. Il invita auparavant Riwalen à faire de même et à prendre place à ses côtés.

« Nous ne sommes pas qu'un corps physique, nous sommes aussi des pensées et des émotions, Riwalen. Celles-là, laisse-les passer comme les nuages dans le ciel. Ferme les yeux et deviens coupe, Riwalen, réceptacle vide pour accueillir tour à tour le don de ces animaux. »

Le cercle lumineux composé des quatre animaux se mit à tourner plus lentement et une rampe descendante vint à se former. Le cerf majestueux l'emprunta pour rejoindre les deux hommes.

« Ne cherche pas à dominer, Riwalen, contente-toi d'accueillir et pourquoi pas de communier avec ce grand cerf. Tu ne seras jamais un être complet si tu rejettes tes animaux intérieurs. Ils sont ta propre nature, représentation du sauvage et de la créativité refoulés. C'est pourquoi ils viennent te visiter encore par le monde des songes dans l'espoir que tu puisses réintégrer une humanité complète. Le cerf est le messager de l'au-delà, il est considéré dans la tradition celtique comme le seigneur des animaux. Sans ouvrir les yeux, Riwalen, tu peux voir – sentir, même – cette magnifique ramure constituée de plusieurs bois. Elle lui donne incontestablement ce port majestueux. Grâce à ses bois qui se régénèrent chaque année, il est comparé à l'arbre de vie, et, parce qu'il est une manifestation de la force de la nature, il est apparenté au grand dieu cornu, Cernunnos. La divinisation de la nature n'est plus tolérée et encore bien moins le culte de Cernunnos. C'est pourquoi il fut transformé en diable, mais la noblesse du cerf ne pouvait s'effacer des mémoires. Alors il fut réapproprié avec une croix lumineuse entre ses bois ou sur son poitrail. Quand Arthur chasse le cerf avec ses compagnons, il cherche tout simplement à revenir au sein de la création. Le cerf, en venant te visiter, t'offre ce don. »

Riwalen se sentit investi par la force de la nature. Une peau à la teinte brun-rouge flamboyait sur son corps et il était couronné de bois à plusieurs cors. Il paissait le long des coteaux herbeux, se nourrissant de bruyères et de lichens. Il se vit courir avec la harde pour s'enfoncer dans des fourrés plus épais. Il comprit tout à coup le sens des contes et des légendes où le héros se lançait à la poursuite du seigneur des bois. Il se mit à pousser de longs cris rauques, tenant à la fois du rugissement et du beuglement. Il était à la fois émerveillé et horrifié par cette puissance qui venait l'habiter et secouer tout son corps. Il frottait ses bois contre les arbres, répandant une forte odeur sous cette cathédrale végétale. D'autres cerfs arrivaient, il devait être maintenant prêt pour le combat car une biche attendait non loin de là. Une lutte sans merci vint à s'engager avec un autre mâle. Il avait pris de l'élan et ils se heurtèrent dans un terrible fracas. Combien de temps dura ce duel ? Il ne le savait pas, seule comptait la poursuite amoureuse de la biche qui venait de commencer dans la forêt. Il se roula dans la boue et, tout à coup, une autre puissance vint le visiter. Il était maintenant couvert d'un pelage hirsute brun-noir, dense et rude, formé de soies rêches. Sa tête était énorme et allongée. Un groin long et puissant, des défenses recourbées, avec une extrémité large et plate, lui permettaient de fouir la terre.

Merlin se remit à parler.

« Le sanglier est la force brute, tu peux le combattre mais surtout canaliser cette énergie afin de l'utiliser au mieux. C'est l'instinct du guerrier. »

Riwalen, sous la forme du sanglier, recherchait de son groin robuste dans le sol de quoi se nourrir. Sous l'écorce d'un arbre, il trouva quelques larves d'insectes. Il n'eut pas le temps de s'en écœurer car son instinct tout à coup lui commanda de courir : au loin résonnaient des cors de chasse. Les aboiements des chiens, le cri des guerriers, l'esquive d'un épieu. Arrivé près d'un cours d'eau, sans la moindre hésitation il plongea et se transforma en un magnifique saumon argenté. La voix de Merlin l'accompagnait tout au long de cet étrange périple.

« Te voilà saumon, Riwalen, celui de Llyn Llyw ; il n'apparaît que tous les sept ans dans le ruisseau de la montagne de Sleeve Mis. Il remonte les rivières en surmontant de nombreux obstacles et retourne vers son lieu de naissance pour se reproduire. Son cheminement à rebours exprime l'essentiel : la jeunesse est au cœur de la vieillesse, tout comme la sagesse des anciens est accessible aux enfants. C'est pourquoi j'annonce le futur sous l'aspect d'un vieillard vêtu de haillons et le passé sous celui d'un nouveau-né couvert de langes dorés. Ainsi pour trouver la sagesse, il te faut effectuer un retour conscient sur toi-même, vers ton enfance et tes origines. C'est le parcours que suivra bientôt Perceval, un des chevaliers de la Table Ronde, et qui entraînera tous les autres dans son sillage. Mais ne t'échine pas à trop chercher la sagesse, elle est la quête de l'inattendu et tu la recevras en temps voulu. »

Quels étranges sentiments suscitaient ces métamorphoses et cette plongée dans le lac, source de vie ! Le voile des eaux se déchira tout à coup et Riwalen s'éleva dans les airs sous la forme d'un oiseau.

« Le vol du faucon va te permettre de compléter ton parcours, Riwalen. Il va te libérer des fardeaux inutiles et tu vas enfin pouvoir renouer avec tes véritables racines. Lorsque l'on sait d'où l'on vient, on peut enfin décider de poursuivre le chemin. Sens cette cape d'oiseau, elle ne fait plus qu'un avec toi. Tu reçois la noblesse et la dignité de ce rapace. Il t'a fait voyager dans le passé et visiter ta propre mythologie. Quand tu auras trouvé ta demeure, tu le verras chaque matin prendre son envol vers le ciel. »

La roue avait disparu, ainsi que les quatre animaux, seule restait dans la main de Riwalen la carte du valet de trèfle. Combien de temps s'était-il écoulé ? Il ne le savait pas, en étant présent à ces métamorphoses successives, il avait le sentiment d'avoir plongé dans l'éternité. Désormais, le soleil était haut dans le ciel et la terre était couverte d'ajoncs et de genêts, une symphonie de jaune égayait les terres de Grande et Petite Bretagne.

« Nous allons reprendre la route et nous diriger vers le pays du Dragon Rouge, Cymru, le pays de Galles. C'est mon dragon bien sûr qui va nous guider et nous montrer la voie. Es-tu déjà allé là-bas, Riwalen ? Non, probablement pas. Nous allons entrer dans un autre pays des enchantements et de mystère par le nord-est pour nous diriger toujours plus vers le sud. Après avoir franchi la Clywd pour les réjouissances de l'entrée dans la saison claire, je te propose de séjourner en Gwynedd, avant de nous aventurer dans le Powys. Si nous ne sommes pas retenus dans cette ancienne région centrale, notre voyage se poursuivra par le Dyfed pour enfin faire nos adieux aux vertes vallées du Clamorgan. Tu vas le voir ! Ce pays est un gigantesque nid de verdure, une émeraude sertie de magnifiques châteaux. Les paysages sont exceptionnels, faits de mousses et de pierres, l'endroit idéal pour franchir la porte de la saison claire et fêter Beltaine, placée sous le signe de l'union.

« Tu sais, personne n'était seul autrefois le soir du 30 avril, ou presque. Pourtant, il y a quelques lunes de cela, dans la forêt de Brécilien, un jeune homme, Yann, sans joie au cœur était resté prostré à la ferme familiale de Beauvais. Je me rappelle, il avait grandi auprès de sa mère sans pouvoir se détacher de son giron. Arrivé à l'âge d'homme, Yann sentait les effets de Beltaine sur lui. La douceur de la nuit l'enveloppait et l'appelait à courir sur la lande pour étreindre une taille fine et élancée. Alors dans la nuit étoilée, Yann se rendit au village de Paimpont, trouver son oncle. Il tenait une petite échoppe dans la rue commerçante : le Brekilien. Malgré l'heure tardive, l'enseigne accompagnée du tribann druidique était encore éclairée. Ce tribann est la représentation de la parole initiale qui s'est exprimée en même temps que la lumière et toute forme de vie sur cette terre. Trois traits, baignés d'une irradiante clarté dans lesquels sont incluses les trois voyelles primitives O I W, et qui viennent à désigner la divinité suprême ou, encore mieux, le commencement de toute chose. Le vieil homme était versé dans les arts subtils de la nature, il était sur le départ avec ses compagnons et je m'étais joint à eux pour l'occasion de cette célébration de Beltaine. Je fus le témoin de l'arrivée du jeune homme. Lorsque Yann arriva dans la petite boutique, à la vue de son neveu, pâle et sans forme, le vieil homme nous laissa partir au-devant, ses amis et moi. Alors Yann se livra sans retenue à son oncle, lui confiant sa solitude, sa tristesse de n'avoir personne à chérir. Je sais ce que fit l'homme sage… Il l'entraîna sur le bord du lac de Paimpont et, entre les trois pierres, il se mit à cueillir des simples dont il connaissait les vertus : de la reine-des-prés, de la verveine et de l'achillée, de l'osmonde, de l'armoise et du sureau, de la sauge, de la mauve et du genêt. À minuit il en fit un bouquet. De sept étoffes, il l'enveloppa, dans le feu le façonna et dans son cœur déposa huit gouttes de la rosée de cette aube d'été. Il venait de concevoir une jeune fille brindille, au visage de fleur. Elle prit forme, s'anima par le souffle et se leva pour venir se blottir contre la poitrine de Yann, elle lui déclara ainsi :

"Je serai ta joie, je serai ta foi.
De moi tu puiseras ta force et ton équilibre.
Je suis ta source de vie,
Ton énergie."

« Ainsi pour cette fête de Beltaine aucun être ne connut la solitude.

« Au pays de Galles, la forêt de Pengelli dans le Pembrokeshire est une des dernières contrées encore peuplées de lutins et de fées. C'est l'endroit idéal pour célébrer le solstice d'été sous les chênes et les frênes. À cette période, la terre est recouverte de jacinthes bleues. Pour célébrer la puissance de l'astre solaire, des feux de joie étaient allumés autrefois. La veille de la Saint-Jean était considérée comme l'une des quatre nuits enchantées de l'année avec Beltaine, Lugnasadh et Samain. On racontait alors que les fées et autres personnages merveilleux sortaient des tertres pour se mêler aux humains le temps d'un songe d'une nuit d'été ! C'était le moment pour les jeunes filles et les jeunes gens de se déclarer ou confirmer les échanges du mois de mai. Être sous les arbres de la forêt de Pengelli me renvoie aux célébrations de la forêt enchantée de Brécilien, en Petite Bretagne. La fête commençait le soir du 20 juin, la terre était pailletée d'or. Sur les collines, les danseurs vêtus de blanc, ornés de guirlandes et de colliers de fleurs, faisaient de grandes farandoles autour des feux. Pour éblouir les belles du pays, les jeunes gens accomplissaient des exploits en sautant par-dessus les hautes flammes. Comme à chaque saison, au moment du solstice d'été, le soleil atteignait l'apogée de sa course. »

Merlin se recroquevilla. L'évocation de ces fêtes d'autrefois et des couples l'avait assombri. L'échoppe de Brécilien avait fermé depuis bien longtemps et tous ses amis avaient rejoint le pays de l'éternelle jeunesse. Pourtant ce lieu de Petite Bretagne ne cessait de l'appeler et il se sentait de plus en plus envahi par la nostalgie de la forêt. D'autres pensées l'assaillirent et il entama un discours enflammé relatant son savoir et comment s'exprimait celui-ci dans le passé.

« Quelle science extraordinaire, nous possédions autrefois, nous les mages, les druides ! Comme tu peux encore le ressentir, Riwalen, dans cette histoire que je t'ai révélée à propos de Yann, nous vivions dans l'harmonie du cycle des saisons. Les simples étaient nos amis, certains même arrivaient à créer des femmes brindilles et à leur insuffler la vie. Quant à moi, je guérissais la folie avec l'eau de la source de Barenton dans la forêt de Brécilien. En ce temps-là, j'étais encore un druide, Riwalen ; le dragon était mon unique allié et grâce à lui j'en appelais au vent et à la pluie. Ils ont eu de quoi s'inquiéter au village de Telhouët, dans la taverne du Chaudron ! Les superstitions de la Samain leur avaient chamboulé la tête. Terrorisés, ils croyaient entendre, dans la fougue des éléments, les râles des âmes oubliées. Mais ce n'était que mon dragon, accompagné de l'air et de l'eau. Lui aussi voulait s'inviter à la chaleur du feu et goûter la cervoise ambrée, surtout celle brassée au Roc Saint-André, durant la nuit des esprits ! Mes pouvoirs ont changé, Riwalen. Ils m'ont transformé. Tout à coup, il leur a fallu des talismans et des amulettes. Ma sœur Ganiéda planifiait même pour moi la construction d'une maison, une retraite percée de soixante-dix portes et fenêtres, un lieu secret pour exercer le noble art de l'astrologie. Ma magie devait obligatoirement passer par l'utilisation d'objets. Désormais, je devais me plonger dans une boule de cristal, jouer du pendule, piler onguents et poudres dans un mortier. J'avais dû élire résidence quelque part car je possédais une immense bibliothèque, source du savoir. Des dizaines de livres s'empilaient sur un coffre, un banc, une table ou à même le sol. Il m'était difficile de circuler dans ce dédale d'ouvrages, de livres, ou peut-être plutôt de manuscrits soigneusement calligraphiés sur parchemin par mon ami Blaise. Eh, oui ! La compagnie d'un moine s'était substituée à celle des bêtes sauvages et de mon bon vieux loup gris. Que diable ! Un peu de civilité ! Je devais donc m'accommoder de ce vieillard tremblotant assis à son scriptorium, auquel je racontais ma vie et lui la consignait sur du vélin délicatement enluminé. J'aurais pu céder de manière avant-gardiste à la folie du divan ! Blaise faisait aussi de la reliure en cuir satiné et ajoutait sur les textes quelques fois des annotations. Son écriture pointue laissait présager l'ogive des cathédrales. Les livres les plus précieux étaient attachés par des chaînes dorées. Traités de philosophie, recueils de médecine et des arts occultes se côtoyaient sans souci d'ordre apparent. Mes pouvoirs avaient évolué, aucun doute là-dessus : je n'étais plus un druide ou un magicien du temps primordial. La puissance du verbe, de la *geis* – incantation magique soumettant celui qui la reçoit à une obligation ou un interdit –, avait laissé la place aux écrits. Désormais je me faisais l'acquéreur d'une science encyclopédique pour fonder ma légitimité. En plus de ces lourds codex, j'évoluais dans un insupportable capharnaüm. Plumes d'oie et de corneille étaient fichées dans des verres de cristal ; des récipients de délicates terres cuites contenaient de l'encre faite de noix de galle et d'écorce de chêne. Parmi cet attirail – panoplie indispensable du nouveau magicien – prenaient place des chandelles, des lampes à huile, des sabliers, des roches et des minéraux. Ainsi, une multitude d'objets insolites reposaient sur des étagères poussiéreuses, dans un parfait désordre qui témoignait de ma curiosité insatiable et de mes nombreuses allées et venues. Trônant au milieu des grands livres, se trouvaient aussi des prismes et des lentilles. À côté, dans une chambre obscure où je trouvais un peu de solitude, sur une grande planche de bois étaient posés une carte, un compas de cuivre, une alidade, un astrolabe pour relever la position des astres et des squelettes d'oiseaux pour étudier le mécanisme du vol. Dans une pièce attenante à la bibliothèque et à la chambre noire, un laboratoire recelait des cornues, des ballons laissant échapper une multitude de fumées colorées servant à mes présumées opérations alchimiques. Léonard de Vinci devait hériter quelques siècles plus tard de ce lieu pour son plus grand bonheur et celui de son souverain François Ier ! Le temps de la parole sacrée, magique, qui agit sur les choses et les êtres, s'était tu. Les fiers guerriers ne s'inclinaient plus devant les récits du barde. Ma harpe ne résonnait plus aux chants des hauts faits d'armes, elle ne faisait plus rire ni pleurer, et les chemins vers Avalon se brouillaient. Mais nous devons nous réjouir : Beltaine est passée et maintenant le soleil a atteint l'apogée de sa course, voici la Clywd, porte du pays de Cymru, idéale pour fêter le solstice d'été. »

Le sage eut tout à coup l'air absent, l'évocation du solstice le ramenait à l'imminence d'un rendez-vous en forêt de Brécilien, au cœur du sanctuaire forestier, il entendait déjà le rire cristallin de la fontaine de Barenton et il eut la vision d'une jeune sauvageonne courant à moitié nue dans les bois avec les chevreuils. Il secoua la tête pour effacer au plus vite le trouble suscité par cette image mentale et pressa le pas. Leurs marches alertes les conduisirent à Cerrydrudion, paroisse la plus élevée et la plus reculée de la région de Denbigh. Le besoin de se confier au jeune homme se faisait plus pressant car, Merlin en avait la certitude maintenant, son destin était aussi en chemin. La vue des paysages apportait au vieil homme un peu d'apaisement. Elle offrait des collines couvertes d'herbes drues et abondantes, des pâturages où de nombreux troupeaux paissaient tranquillement. Tous ces éléments étaient propices à l'abandon et à la révélation. Car ils étaient imprégnés de l'ancienne tradition et du merveilleux des jours passés. Du haut d'un petit mamelon, Merlin se laissa subitement choir sur le sol et fit une grande roulade pour aller s'étendre bras en croix au pied de la colline, perdu dans les hautes herbes. Riwalen se mit à courir pour rejoindre le sage et prit place à côté de lui, assis les bras entourant ses jambes, la tête reposant sur ses genoux et Merlin murmura dans le vent de la plaine :

« Il a fallu du temps pour que je devienne père. L'enfant est étranger à l'homme car il ne le porte pas pendant neuf mois dans son ventre ; il ne connaît pas la fusion et le ravissement de la plénitude de la femme enceinte. Il doit plutôt apprendre tout à coup le partage avec un petit être fripé et braillard. Et le privilège de l'étreinte de la femme, de la mère et de l'amante lui échappe, lui, homme, jamais sorti tout à fait de l'enfance. Quant à moi, les bras de Gwendolene s'étaient détachés de mon cou depuis bien longtemps et la chaleur de son corps contre lequel j'avais pris coutume de m'assoupir n'était plus. Le visage de ma petite fille, ses cheveux de jais bouclés et ses yeux noirs dans lesquels je m'étais reconnu, s'effaçait progressivement, et maintenant je pressais contre mon sein un nourrisson mâle. J'ai gardé Arthur le temps d'un voyage, encore un ! Vers l'Écosse. Je l'ai confié à Antor, petit vassal d'Uther en lequel j'avais une totale confiance. Antor l'avait accueilli comme un don du ciel, un simple échange de regards entre nous deux, puis le silence de la connivence. Il n'avait rien demandé sur l'enfant, mais il était déjà persuadé qu'il était promis à un avenir peu commun. Il venait lui aussi d'avoir un fils, il l'avait baptisé du nom de Kay et il l'enleva du sein de sa mère pour y mettre Arthur, ainsi les deux garçons devinrent frères de lait. Ils grandirent ensemble, partageant leurs jeux d'enfants puis leurs interrogations d'adolescents. Arthur était un garçon humble et généreux, Kay déjà enclin à la forfanterie et aux répliques acerbes. Sans doute était-ce là le manque du lait maternel, dont il avait dû partager avec un autre sans pouvoir boire tout son soûl et s'endormir dans l'ivresse de la chaleur d'un sein rose et humide. J'avais envoyé quelques présents pour Arthur : un cheval, Obagur, et un chien répondant au nom de Cavall. Je souhaitais qu'il reçoive un premier semblant d'initiation aux contacts de ces animaux. Je désirais qu'il entre en contact avec l'esprit de ses ancêtres afin qu'il traite les animaux et la nature avec respect. Il devait entendre le cri de souffrance de la mère originelle. En chevauchant Obagur, il montait la déesse-jument qui règne sur le cycle de l'existence, et Cavall lui montrait la voie de la fidélité, de la confiance et de la loyauté, éléments indispensables de toute vie harmonieuse. Seize ans venaient de s'écouler lorsque Uther décéda sans désigner d'héritier – du moins était-ce la croyance générale : le roi Pendragon laissait son peuple orphelin –, presque deux décennies pendant lesquelles j'avais dû faire un retour dans le grand temps et quelques incursions dans la forêt de Brécilien pour voir comment poussait ma petite sauvageonne. Mais la terre des hommes réclamait un successeur, un nouveau roi. Je me torturais sans cesse, me posant cent fois la même question : quand aurai-je le courage d'assumer mon rôle de père ? Sans doute était-ce mieux ainsi, vivre dans l'ombre et observer de loin l'évolution d'Arthur. À défaut d'occuper cette place, j'endossais à nouveau celui de conseiller qui m'allait comme un gant. Car Arthur ne pouvait plus continuer à grandir dans une famille qu'il croyait être la sienne. Il devait sortir de son enfance et accéder au plus vite à la royauté afin de succéder à Uther. Je décidais donc de reparaître à la cour endeuillée par la disparition de son Pendragon. Sous les acclamations, les bravos et les vivats j'allais m'incliner aux pieds de la reine. À ses côtés, sa dernière fille, Morgane, avait bien grandi. Elle était devenue une jeune fille à la beauté sombre et fascinante. Sa peau extrêmement pâle contrastait avec son obscure et longue chevelure. Petit visage triangulaire dans lequel s'ouvraient deux yeux noirs scintillants comme deux pierres d'obsidienne. Ils exprimaient encore silencieusement le chagrin de la mort d'un père trop chéri. Je crus à nouveau entendre les pleurs de l'enfant qu'elle avait été. Me tenait-elle pour responsable ? Connaissait-elle l'existence d'Arthur ? Avait-elle eu d'autres visions ou prémonitions ? Je me méfiais d'elle car je soupçonnais de grandes aptitudes pour la magie. Je ne pus lire dans ses yeux la demande secrète d'être prise sous mon aile et de l'initier au monde caché. Son regard se fit alors dédaigneux, l'intelligence et la lucidité de la petite fille avaient déjà gâté son cœur de femme. À la cour, il se murmurait bien des choses à son sujet, certains l'avaient vue survoler la forteresse de Tintagel sous l'aspect d'une corneille aux ailes bleutées. Je les avais entendues, ces rumeurs, de mon antre secret. Morgane se préoccupait de puissance et cherchait à quitter au plus vite l'autorité maternelle d'Ygraine. Pour ce faire, elle avait jeté son dévolu sur un riche seigneur, Lot d'Orcanie, avec lequel elle se préparait à convoler. L'éloignement semblait être la meilleure solution pour tout le monde. En attendant, il leur fallait un roi et je proposais une solution : un grand tournoi devait être organisé à l'issu duquel le vainqueur serait désigné comme souverain de Grande Bretagne. La nouvelle s'était répandue dans le royaume, les nouveaux orateurs haranguaient la foule et bientôt une ribambelle d'étendards convergea vers Winchester. Pour cette occasion, j'avais accepté de partager les préparatifs avec un autre maître de cérémonie, un homme portant un bâton aussi – ou plutôt une crosse car l'évêque de Winchester souhaitait prendre part à l'orchestration de cette grande messe avant le tournoi. Arthur et Kay avaient quitté le nord de la Grande Bretagne. Kay venait d'être armé chevalier, quant à Arthur, il était son écuyer. Or Arthur commit une terrible faute ce jour-là, reconnue comme un manquement au code de la chevalerie : il oublia l'épée de son frère là où ils avaient passé la nuit. Déjà tous les chevaliers s'étaient rassemblés dans la cathédrale pour un temps de recueillement avant les joutes. Arthur avait rebroussé chemin, éperonnant Obagur ; il lui murmurait à l'oreille la raison de cette vive allure. Cavall suivait allègrement, jappant joyeusement pour exprimer ainsi un peu de son soutien à son jeune maître. Une fois devant l'auberge, Arthur trouva porte et volets clos. Dépité et se préparant à revenir bredouille, Arthur prit à nouveau le chemin de la ville. Elle était silencieuse, prise aussi dans le recueillement des chevaliers. Le jeune homme laissa sa monture et s'avança vers la cathédrale. Encore pris par les remords, il ne vit pas tout de suite le prodige exposé sur le parvis : une épée fichée dans un rocher scintillait de mille feux. Sur la lame était inscrit en lettres d'or : « Celui qui me retirera sera roi par la puissance des cieux. » Arthur eut alors une vision étrange : il vit un gros animal au pelage brun s'avancer vers le rocher. Il avait une large tête au museau allongé, de petits yeux et de courtes oreilles arrondies. La bête se dressa sur ses pattes arrière, dépassant le jeune homme de plusieurs têtes, et se saisit de ses pattes griffues de l'épée pour la brandir vers le ciel. Une étoile se mit alors à étinceler en plein jour sur la voûte céleste, tandis que l'ours se mit à grogner. Car il s'agissait bel et bien d'un ours. Arthur eut à ce moment-là la sensation que cet animal était partie intégrante de lui-même et il se mit à gronder à l'unisson avec l'animal sauvage, sous le regard perplexe de Cavall. La vision disparue, Arthur s'approcha plus près du rocher et sans la moindre difficulté réussit à extraire l'arme de sa gangue de pierre. À l'intérieur de la cathédrale, la messe était achevée, mais les cloches étaient retenues par une main invisible plongeant la ville dans un étrange silence. L'évêque, la cour, les seigneurs et les aspirants au tournoi étaient maintenant sur le parvis et avaient entouré le jeune homme, atterrés par la scène à laquelle ils venaient d'assister. Et le jeune homme se mit de nouveau à brandir fièrement l'épée, puis il voulut la tendre à son frère afin qu'il participe au tournoi tout en criant :

"Tiens, prends-la donc, elle est à toi !"

« Antor et Kay s'étaient déjà agenouillés en signe de reconnaissance du nouveau souverain. C'est alors que je m'avançai parmi la foule, homme vêtu aux couleurs de la forêt et m'appuyant sur un grand bâton noueux. Arthur s'avança vers moi pour me remettre l'épée, je fis un pas de côté en lui déclarant sagement :

"Non merci, nous nous connaissons déjà."

« Certains nobles étaient tombés à terre et la foule des simples paysans lui firent un triomphe. Incontestablement, ces premières actions étaient le signe d'un futur roi généreux. Cependant quelques seigneurs restèrent muets devant la vision de cette scène. Je me tenais dignement auprès d'Arthur afin de le soutenir face au poids de sa destinée. Il était l'élu, le roi et dans son sang coulait la lignée des Pendragon. Je clamai haut et fort :

"Désormais, ce jour sera célébré sous le nom de *lumière d'Arthur*."

« Et après un coup d'œil vers l'évêque, j'ajoutai prestement :

"*Solstice d'hiver* ou *Noël*."

« Je faisais face à Ygraine et je vis ses yeux se remplir de larmes car se tenait tout près d'elle ce fils que je lui avais arraché à sa naissance sous prétexte de bienséance. Tout son corps semblait se tendre vers le jeune homme, pourtant ses bras restèrent ballants, ne pouvant même plus espérer une tendre étreinte. Au même moment, Arthur put mettre un mot sur une vague émotion, un malaise qui l'assaillait régulièrement : c'était la solitude. Car l'accès à la royauté venait d'amplifier ce sentiment et de l'éloigner de l'affection de sa famille adoptive. Certains barons exprimaient déjà leur réprobation, ils ne voulaient pas d'un vulgaire écuyer comme roi. En accord avec mon ami du moment – l'évêque – et selon le cycle du temps sacré, Arthur dut se plier par deux fois encore à l'épreuve de l'épée dans la pierre car son exploit n'avait pas fait l'unanimité. Il renouvela le grand geste à la Chandeleur, puis à Pâques pour enfin être couronné roi à la Pentecôte. Il reçut, par le serviteur de la nouvelle religion, l'onction du saint chrême, faisant de lui un fils de la lignée de la royauté de David. Il put ainsi porter le sceptre et la sphère céleste. Enfin l'évêque prit l'épée de souveraineté qui reposait sur l'autel pour la ceindre à la taille du jeune homme. Lorsque le saint homme la souleva, les yeux du jeune souverain vinrent se refléter dans l'éclat de la lame. Je percevais des mots inaudibles se pressant sur les bords des lèvres d'Arthur qui me dévisageait :

"Seras-tu auprès de moi comme tu l'as été pour Uther ? Suis-je vraiment l'élu, appelé à commander ?"

« L'initiation d'Arthur avait déjà commencé et elle devait se poursuivre, car il était comme tous les jeunes gens de son âge, habité par l'ardeur et la fougue de la jeunesse, ivre de la puissance de cette épée extraite de la pierre, gris par l'accès au rang de roi. Alors je m'avançai à grandes enjambées vers lui et j'entrepris d'achever la cérémonie selon l'ancienne tradition, en lui demandant solennellement s'il acceptait de prendre cette terre de Bretagne pour épouse, de l'aimer, de la chérir, de la protéger et de lui rester fidèle à jamais. Arthur acquiesça et je lui glissai à l'oreille :

"Alors il te faudra bientôt prendre une femme qui incarne cette terre et la souveraineté."

« Les rayons du soleil pénétrèrent dans l'édifice par la rosace centrale et irradièrent la nef d'une lumière irréelle. Dans ce kaléidoscope de couleurs, Arthur et moi nous vîmes s'avancer l'ancien peuple venu des îles du Nord du monde pour prendre part aussi à cette célébration sacrée. La grande déesse, Dana, vint vers Arthur et déclara alors au jeune homme :

"La souveraineté se transmet par la femme. Ainsi l'homme reçoit la royauté de son épouse. Il gouverne le temps d'une saison et la reine à jamais."

« Puis elle se tourna vers moi :

"Tu as emporté l'anneau de pierre pour une cause juste, n'oublie pas maintenant de lancer la quête des talismans royaux."

« Au-dehors, haut dans le ciel, un nuage passa devant le soleil et, dans la cathédrale, la vision de l'ancien peuple se troubla, l'image perdit de sa netteté pour enfin s'effacer. J'adressai au jeune souverain un sourire affectueux et un clin d'œil de connivence. Arthur fit de Kay son sénéchal et rassembla son armée pour soumettre les barons résistants ou belliqueux à sa royauté.

— J'en ai assez, dit pour le moment Riwalen. Et si nous reprenions le chemin ? Marcher me fera du bien. »

Merlin s'était redressé brusquement, prêt à repartir.

« Placés sous la protection du dragon rouge, nous pouvons poursuivre notre route. Sais-tu que cette terre était autrefois divisée en treize comtés ? Continuons notre périple, ami. Nous avons respecté le rituel de la porte en entrant au pays de Galles par la province de la Clywd, le Petit Peuple devrait donc être notre allié ! »

Ils marchèrent jusqu'à la péninsule de Llyn, à l'extrême pointe de cette terre, empruntant une petite route étroite pour rejoindre le village de Hwchmynydd. Le temps était clair et offrait une vue époustouflante sur le pays.

« Regarde la mer, tu peux apercevoir la verte Irlande et les montagnes de Wicklow, tandis que derrière nous se dévoilent le Snowdon et les noires montagnes de Meironnyd. »

Riwalen contemplait les vastes champs délimités par les murets de pierre parsemant la campagne et aussi les falaises vertigineuses tombant dans la mer trop calme. À quelques encablures de là se dressait une île. Merlin avait dû accompagner le regard de Riwalen car il ajouta :

« C'est Inys Enlly, elle semble toute proche, mais elle est particulièrement difficile d'accès. Il ne faut pas se fier aux apparences ! Les gens du coin l'ont surnommée l'île aux sept courants, et ils racontent avec fierté les nombreux naufrages des téméraires qui ont tenté ici d'apprivoiser la mer. C'est de cette île qu'Arthur serait parti sur la nef *Caswennan* pour Avalon. »

Le soleil avait poursuivi sa course régulière dans le ciel, décrivant un léger arc souple et majestueux. L'après-midi était bien avancé lorsque les deux compagnons se remirent en route. En fait, Merlin était un infatigable marcheur. Riwalen eut tout à coup en tête l'image du vieillard tel qu'il l'avait aperçu la première fois dans la taverne de Telhouët. Il comprenait pourquoi ce vieil homme avait les pieds pleins de poussière et ne s'encombrait de rien. Aucune richesse de ce monde n'était nécessaire et seule la liberté du mouvement lui importait. Chaque paysage traversé réveillait une émotion refoulée du sage. Merlin voulut revenir vers le nord-est pour se rendre dans le Gwynedd. L'absence de l'eau de Barenton venait à manquer au druide, lui faisant ressentir plus douloureusement son éloignement de Brécilien. Pour combler provisoirement ce vide qui venait de s'ouvrir en lui et se prémunir de ce vertige subit, Merlin proposa de se rendre au puits de Sainte-Winifred. La douceur de la nuit les enveloppait déjà. Merlin se sentit plus serein et Riwalen était appelé par le pays des songes. Merlin s'approcha du petit sanctuaire pour s'abreuver à l'eau sacrée du puits. Il sourit et parla à voix basse :

« On peut perdre la tête par amour ou pour défendre ce que l'on croit être une cause juste. C'est dans cette province du nord, dans ce brillant pays que j'ai prophétisé la première fois la venue d'Arthur. »

Le sage arrêta là son récit, il était sur le qui-vive, à l'affût du moindre bruit.

« Entends-tu le Cân y Tylwlyth, Riwalen ? »

Riwalen sortit subitement de sa torpeur pour dévisager le sage avec de grands yeux ronds. Merlin comprit tout à coup qu'il n'avait saisi que la moitié de son propos car le sage s'était exprimé en gallois.

« Pardon, la langue de ce pays est inscrite en moi, Cân y Tylwlyth est le chant des fées. Le pays de Galles est encore réputé aujourd'hui pour ces belles mélodies inspirées par le peuple de féerie. Nous avançons dans l'été, une halte pour participer à l'Eisteddfod s'impose. »

Merlin agita ses bras et se mit à tirer un rideau invisible pour faire découvrir à son jeune compagnon des chœurs et des danseurs faisant revivre la tradition des bardes d'autrefois.

« Bienvenue à Llangollen, Riwalen, ce rassemblement est une institution ! Amuse-toi, mon ami ! »

Le sage éclata de rire en voyant le jeune homme emporté par un groupe de danseurs. Dans la vaste vallée s'étendait à perte de vue une forêt de pavillons multicolores. Une file de personnes vêtues de blanc, de vert et de bleu s'avançaient silencieusement à la rencontre d'une jeune femme. Elle portait une cape rouge brocardée de fils d'or. Elle tendit à un homme, coiffé d'une couronne de feuilles de chêne dorées et vêtu d'un plastron d'argent, une coupe à boire.

« Tu es en train d'assister à la cérémonie d'intronisation des druides, des bardes et des ovates, murmurait une voix à l'oreille de Riwalen. Vois la coupe, le *hirlas* est présenté à l'archidruide en signe de bienvenue. Bientôt, des petites filles parées de souples robes vertes, et portant des couronnes de feuillages vont se mettre à danser. Elles incarnent la fécondité de la terre et leur danse gracieuse honore notre mère originelle. Ce grand rassemblement est dédié à la poésie que nous avons tous dans nos cœurs. C'est un soulagement et une délivrance de pouvoir l'exprimer encore. Ose donc, Riwalen, révéler la parole du cœur. »

Et sous le plus grand pavillon, Riwalen fut revêtu de la robe rouge du poète car il avait commencé à exprimer les enseignements du sage : ceux du courage, de la puissance et du savoir dans une ode touchante et émouvante. Dans ce grand moment d'émotion, il serrait dans ses mains le vieux paquet de cartes tout écornées de Merlin, tandis que pour honorer son talent l'épée d'apparat était brandie au-dessus de sa tête. Elle était la récompense destinée à celui qui avait su pour cette occasion manifester la puissance du verbe dans sa pure magnificence.

« Tu es déjà un familier de l'épée, Riwalen. Celle-ci n'est pas complète, le tronçon inférieur est la propriété des druides, c'est pourquoi elle n'est jamais extraite entièrement de son fourreau. Par trois fois, la garde va être brandie au-dessus de ton chef et la lame sortie légèrement du fourreau. Ne te pose pas de questions, redeviens coupe pour accueillir le symbole de ces gestes rituels. Tu peux aussi t'aider de la vision de la roue pour entrer à nouveau dans la caverne de ton cœur et goûter à ce joyau immuable. L'archidruide va demander alors à l'assemblée si la Bretagne est en paix. »

Et c'est ce qu'il fit.

« Heddwch ! » clamèrent l'assemblée et la foule, et ils entonnèrent l'hymne du pays.

Riwalen fut réveillé par la fraîcheur du matin. Tout avait disparu, il ne lui restait plus qu'un vague mal de tête dû sans doute au brouhaha de la foule, et quelques courbatures dans les mollets tant il avait dansé. Merlin était assis à ses côtés, il passa la main dans ses cheveux gris ; il se tenait la tête et fronçait les sourcils, tentant de résoudre une énigme.

« J'avais l'impression que le destin des hommes de ce monde se riait de moi. Il me susurrait à l'oreille :

"Vois ce que tu as voulu faire, mais les hommes sont faillibles sans quoi ils ne seraient plus ici-bas."

« Arthur avait tellement de choses à comprendre. Il se croyait invincible avec cette épée de souveraineté. Il dut se soumettre aux douze travaux du héros pour asseoir sa royauté, combattant des géants tels que Dinaduc ou Ritton, chassant des animaux extraordinaires, recherchant des objets plus magiques les uns que les autres, et combattre aussi les onze barons félons. Au cours d'une de ses campagnes de conquêtes, Arthur fit voile vers les îles Orcades. Le roi Lot s'était absenté pour une partie de chasse, sa femme Morgane resta seule au château avec ses suivantes. Elle fit bon accueil au voyageur qui ne souhaita pas révéler son nom. Elle lui proposa gîte et couvert de choix, allant jusqu'à lui offrir l'amitié de sa hanche. Se révélait pour Arthur l'univers secret de la femme enivrante et dévorante. Frère et sœur sans le savoir, se retrouvèrent enlacés dans un lit à baldaquin aux lourdes tentures pourpres, ils réinstauraient dans cette contrée reculée le temps de la hiérogamie sacrée. Dans ce grand rite, ils tentaient de célébrer la conjonction des principes opposés et complémentaires masculin et féminin de l'univers. Un espoir vain de retrouver la plénitude spirituelle dans ce monde. De cette nuit devait naître un enfant mâle : Mordred. Morgane vint le mettre au monde au milieu de l'anneau de pierre du clan de la déesse Dana pour le solstice d'été suivant. »

Riwalen distingua dans la voix du sage de l'amertume.

« Eh oui ! Voilà comment te récompense le destin, Riwalen ! En te faisant un pied de nez, en répétant inlassablement les motifs gardés secrets. Les fées, maîtresses de la destinée humaine, devaient rire à gorge déployée en voyant ces deux innocents se tenir chaud, pressés l'un contre l'autre. Arthur s'en alla sans dire un mot et Morgane ne fit rien pour le retenir ou pour exprimer le moindre sentiment. D'autres épreuves attendaient Arthur. Elles le menèrent ainsi aux frontières de la terre dévastée, non loin du château de Corbénie, où était alité le roi Pellam. Il ne pouvait distinguer la demeure enchantée car la brume s'était levée et un cours d'eau profond formait une frontière infranchissable. Longtemps, le jeune roi chercha un gué ;

en désespoir de cause, ne trouvant pas de passage, il décida de prendre un peu de repos au bord de l'eau, c'est alors qu'il s'assoupit et fit un rêve effrayant, présageant la fin de son règne. Il se réveilla en sursaut, le cœur battant et la sueur perlant aux tempes. Une bête, ou plutôt une créature des plus étranges, s'abreuvait à la rivière. Elle était d'une blancheur immaculée, plus petite qu'un renard et fascinante à regarder. De son ventre s'échappaient des aboiements d'une meute de chiens de chasse.

"Qu'est-ce, Merlin ? murmura Arthur."

« Je lui apparus pour lui faire cette révélation :

"Tu contemples le fruit d'une faute ignorée, jeune homme. C'est la bête glatissante, elle est née d'une princesse qui désirait son propre frère. Elle coucha avec un démon qui lui avait promis l'amour du garçon, mais le démon la trompa puis il la persuada d'accuser son frère de viol. Leur père fit déchirer l'incube par ses chiens, mais, avant de mourir, le démon prophétisa la naissance d'une abomination qui ferait autant de bruit qu'une meute de chiens. C'est cette bête que tu vois là, elle est le symbole de l'inceste, de la violence et du chaos, des forces qui sont déjà à l'œuvre et qui détruiront ton royaume."

« Rien n'avait vraiment commencé, Riwalen, et pourtant Arthur échappait déjà à son rôle d'élu. Si je ne pouvais pas faire de lui un roi, je me devais en tant que père de lui faire partager l'essence de mon être. Je lui offris la révélation de la roue et la communion avec les quatre animaux sacrés, symboles des éléments qui ordonnent l'univers, cette roue dont tu as eu la vision et la connaissance, Riwalen. Je décidais d'aller plus loin dans son apprentissage et de l'emmener alors en Petite Bretagne, dans la forêt de Brécilien, pour une longue marche. Celle-ci nous conduisit non loin de

Paimpont, au carrefour des sept chemins entre Trudeau et l'étang du Pas-du-Houx. Le soleil s'était couché derrière la cime des arbres. Seul son rougeoiement se laissait encore admirer et continuait à embraser le ciel. Puis la pénombre s'installa, la forêt se fit tout à coup plus silencieuse, certains animaux profitèrent de ce temps intermédiaire pour aller s'abreuver au lac. Un autre règne débuta alors, celui de la nuit. Arthur s'était assis sur un rocher, la fraîcheur l'avait incité à se recroqueviller sur lui-même. Il tremblait à moitié de froid, à moins que ce ne soit de peur. Le moindre craquement de branche le faisait sursauter. Hululements de chouettes, vol d'oiseaux nocturnes, vent sinistre agitant le feuillage des arbres, je sentais l'angoisse du jeune homme grandir en lui. Arthur avait emporté l'épée de souveraineté comme on porte un trophée. L'épée se mit brusquement à vibrer et un étrange halo se fit autour d'elle. Une lueur bleutée irradiait de la lame, qui semblait chanter :

"Retiens-la, Arthur ! Car tu vas connaître la saveur de la puissance de l'épée !"

« Il restait planté là, grelottant de froid, brandissant du mieux qu'il pouvait l'arme du roi. Je les avais tous convoqués afin qu'ils se fassent les témoins de ce don et de mon renoncement. Cohortes après cohortes sorties des tombeaux, ils venaient d'Arderydd mais aussi d'autres contrées. Colonnes de guerriers aux yeux vides et aux casques rouillés. Je criai à l'attention du jeune souverain :

"Ils sont venus du royaume des ombres pour l'épée ! Souhaites-tu toujours régner, Arthur ?"

« Les jambes flageolantes et la voix tremblante, Arthur finit par se redresser et par brandir l'épée dans le vent lugubre de la nuit. Il me répondit d'une force qu'il alla chercher au creux de son ventre :

“Oui !”

« Un acquiescement dont toute la forêt se fit l’écho, et la légion des guerriers fantômes s’inclina pour se dissiper dans un tas de feuilles mortes balayées par le souffle du bois.

“Alors je vais te dire comment recruter des hommes forts et les mener à la bataille.”

« Épuisé par tant d’émotions, Arthur s’endormit comme un nourrisson ; il reposait sur la pierre avec à ses côtés l’épée. Le soleil levant vint caresser de ses premiers rayons son beau visage lisse. Tout autour de lui, l’herbe de Brécilien était humide de rosée. Je m’approchais prestement de lui pour confier à ses oreilles la mission de ce jour nouveau :

“Nous n’avons pas de temps à perdre, tu dois porter secours à un de tes plus fidèles vassaux, Léodegrand de Carmélide. Cette bataille est décisive.”

« Grâce à ma magie, nous fûmes transportés en un éclair sur la place où avaient commencé les premiers affrontements. Léodegrand de Carmélide et ses quelques sergents d’armes avaient engagé le combat, résistant vaillamment aux barons réfractaires au règne d’Arthur. Du haut du rempart, une jeune fille blonde contemplait, dans la mêlée des chevaliers, le jeune guerrier qui combattait hardiment, arborant pour l’occasion un heaume dont le cimier représentait un dragon. Ce dragon qui lui serait bénéfique tant qu’il remplirait ses fonctions de roi pour le bien de la terre. Guenièvre tremblait de tout son être pour la vie de cet inconnu. Au soir de la bataille, quand l’ennemi fut chassé et que le temps fut venu à rire et à festoyer, Arthur me chuchota qu’il avait trouvé ici sa reine. Je le savais déjà. Ne lui avais-je pas déclaré, sans donner de détails, que cette bataille serait décisive pour son avenir ? Arthur s'empressa de faire la cour à Guenièvre et de faire connaître ses intentions à Léodegrand de Carmélide, que je rassurai en lui révélant qu'il s'agissait du jeune souverain de Bretagne. Cette union qui se profilait sous la voûte du ciel étoilé était loin de m'enthousiasmer, mais le destin du héros continuait de me narguer et d'en faire à sa tête. Où était la toile, la trame de mon précieux scénario ? J'avais consulté le mouvement des planètes et la place des constellations. Si le mariage d'Arthur et de Guenièvre avait lieu, il ne laissait rien présager de bon. Pour me rassurer un peu, je m'étais absenté dans l'esplumoir, en forêt de Brécilien, pour compulser mes éphémérides et vérifier mes savants calculs. Blaise était assis à sa table, il n'avait manifesté aucun étonnement de cette brève incursion dans la bibliothèque sacrée. Le temps d'un battement de paupière j'avais repris ma place auprès d'Arthur. Décidément, les présages n'étaient pas bons. Ou peut-être résonnaient-ils comme une mise en garde de mon propre destin, de ce que je m'apprêtais à vivre en Petite Bretagne, en forêt de Brécilien ? Je consultai à nouveau les étoiles de mon observatoire percé de soixante-dix portes et fenêtres. Blaise, cette fois, leva la tête et fronça les sourcils et me lança :

"Cesse donc de t'agiter pour un rien, Merlin, et laisse donc faire la roue du destin !"

« Pourtant cette union parlait de stérilité, de trahison et de chaos. Tels étaient les maîtres mots de cette nouvelle consultation.

"C'est la légende ! dit Blaise en éclatant de rire. Retourne donc auprès d'Arthur."

« J'y retournai donc et je me tins coi. Puisque Arthur ne souhaitait pas renoncer à ce mariage, je me devais de mener cette union vers la lumière. »

Chemin faisant, Merlin et Riwalen avaient pénétré au cœur du pays dans le Powys, de minuscules villages, immenses lacs encerclés de sommets élevés d'où descendaient en cascades des torrents glacés. Ils firent une halte à Hay-on-Wye.

« J'aime bien venir ici, confia Merlin. Cela me rappelle Bécherel, en Petite Bretagne, une autre cité du livre. Je prends beaucoup de plaisir à caresser la peau de ces vieilles reliures. Elles m'apportent un peu de réconfort sur l'état de mon visage ! déclara Merlin tout en passant les mains sur sa face, et il éclata de rire. Mais prendre de l'âge n'est pas une maladie. Vois comme ils sont beaux, Riwalen, ces livres tout parcheminés. »

Finalement Merlin laissa les étals de bouquins sur le chemin.

« Inutile aussi de nous encombrer la tête de connaissances intellectuelles. L'âme n'emporte que du vécu, ce fut une des dernières leçons que je devais partager avec Arthur. Allons faire un tour dans ces montagnes, elles ont la réputation d'être remplies de présences surnaturelles. »

Ils s'enfoncèrent dans la vallée de Clydach, Merlin espérait y détecter quelques traces du Petit Peuple, mais cet âge était révolu et il dut se résigner au fait que le temps des hommes était bel et bien là. Il eut alors l'instinct de retourner vers le Dyfed. Beaucoup de souvenirs douloureux dormaient dans ce pays de la magie, mais le seul moyen d'en finir avec ce poids du passé était de le retraverser et de laisser s'épancher de manière consciente le puits de ses émotions.

« Les gens sont fiers ici de leurs légendes, *leggenda* signifie « ce qui doit être dit ». Elles sont l'âme du pays. D'ailleurs sont-elles vraiment de simples légendes ? Ici, ils les nomment les *Mabinogion*. Ce sont des contes mis par écrit au Moyen Âge, mais leurs racines sont beaucoup plus anciennes. Ce sont très certainement à la base des mythes qui au cours du temps ont été fragmentés, ils sont la mémoire de l'essence du monde. Nous arrivons dans le Dyfed, province du prince Pwyll. Tiens, voici encore une légende ! Chaque pays, chaque province a son histoire merveilleuse.

« Pwyll, pour légitimer sa royauté et sa descendance, fit un pacte avec Arawn, prince de l'Autre Monde. Arthur est à l'image de Pwyll commerçant avec cet ailleurs, cet au-delà. C'est sur ce tertre-là, Gorsedd Arbeth, où nous allons prendre place, que Pwyll eut la vision d'une merveilleuse femme, une élégante cavalière, cheveux longs flottant au vent, gracieux visage, corps souple et délié vêtu de soie verte. Elle chevauchait gracieusement un destrier blanc. Sur-le-champ, il en tomba éperdument amoureux.

« Gueniévre fait partie de ces femmes-fées. D'ailleurs je vais te confier un secret, Riwalen, Arthur l'avait déjà rencontrée dans sa jeunesse, mais son souvenir avait été effacé par l'art de la magie. C'est pourquoi du haut des tours de Léodegrand de Carmélide, le regard de la jeune femme lui a paru étrangement familier. Tu sais, il s'agit de cette impression de déjà-vu ou connu qui s'empare de nous quelques fois. C'est au pays de Galles, ici même dans cette vallée imprégnée de magie, qu'il a scellé son destin de roi, il y a quelques années de cela. Il était parti avec deux compagnons pour une partie de chasse, et le sanglier les avait conduits sur ce tertre où avait pris place une vieille femme.

L'œil pétillant de malice, un sourire goguenard accroché à ses lèvres, elle portait joyeusement son horrible laideur. Quant aux trois jeunes gens, ils restèrent interloqués lorsqu'elle leur demanda sans détour :

"Qui veut bien m'accorder sa chaleur pour une nuit ?"

« Arthur, poussé par une force invincible, s'avança alors vers la vieille femme et mit un genou à terre, et dans ses mains gantées de cuir il serra les mains calleuses de cette femme.

"Je serai celui-ci pour la prochaine nuit."

« Alors la vieille ricana et ses gloussements de joie apportèrent le crépuscule puis la nuit. Ses compagnons avaient été écartés et Arthur resta seul. Elle l'entraîna sous le tertre ; happé par la profondeur abyssale, il ne pouvait plus rien voir, simplement se laisser guider par le contact de la paume de la main de cette femme, tout à coup devenu étrangement doux. Ils avaient emprunté un escalier en colimaçon et semblaient poursuivre leur descente dans les entrailles de la terre. Ils arrivèrent enfin dans une pièce à peine éclairée de quelques candélabres disposés savamment, petit boudoir habillé de riches tentures, au milieu duquel trônait un immense sofa où reposaient une multitude de coussins colorés. Tout à coup, le jeune homme eut l'humeur joueuse, il trouva la situation cocasse et se laissa choir parmi les coussins. À peine sa tête se posait sur un moelleux coussin qu'il se sentit gagné par une étrange volupté, ses paupières se fermèrent et il plongea dans le sommeil de l'oubli bien avant de voir la femme s'étendre à ses côtés. Au petit matin, la pièce était nimbée d'une lumière dorée filtrée par le feuillage des arbres. Le jeune homme fut surpris de se retrouver au-dehors, dans une clairière en plein cœur de la forêt. Il venait d'être éveillé par le chant du monde : le chant des oiseaux, le vent dans les feuillages et le gargouillis d'un cours d'eau. Sous cette cathédrale végétale, Arthur fit face à la femme. Elle s'était métamorphosée durant la nuit, offrant au jeune homme un radieux réveil. Appuyée sur son avant-bras, elle avait dû le contempler pendant son sommeil ; elle passa tendrement sa main dans la chevelure du jeune homme et se présenta :

"Je m'appelle Gwenhyvar, blanc fantôme, Guenièvre. Par ta force, par ta jeunesse, par ta beauté, tu m'as redonné ma jeunesse, ma force, ma beauté. Je suis la terre, le royaume, j'ai pris apparence humaine. Comme tu as bien voulu de moi, je te fais un don : dans quelque temps tu seras roi ; je te donne la terre car je suis la souveraineté. Et elle ajouta tout bas : une royauté le temps d'une saison d'homme. Je viendrai à toi sous le nom de Guenièvre, puisse la grande reine d'Arbeth te protéger."

« Elle souffla sur son front afin qu'il oublie la rencontre de cette nuit. Puis elle se leva pour s'éloigner d'un pas digne et entrer dans le bois. Sa silhouette parée de tendres couleurs vertes se confondit avec la végétation et elle finit par rejoindre le royaume des arbres. Il aurait mieux valu pour lui qu'il oublie la nuit passée sur les îles d'Orcanie, ou qu'elle n'ait jamais eu lieu, mais les choses sont ainsi. Voilà bien une phrase que ma petite sauvageonne affectionne ! »

Une ombre passa sur le visage de Merlin et Riwalen sentit l'absence du sage. Il perçut une puissance l'appeler, le convoquer, de plus en plus impétueuse.

« Tu la sens toi aussi, Riwalen ? Si tu entendais son chant, je crois que tu en mourrais. C'est dans cette contrée que j'ai dû aussi faire mes adieux à ma mère. Quelle douleur ! Nous savons tous que nous devons être orphelins un jour ; elle m'avait préparé à cette séparation, pourtant je continue à l'appeler dans mes rêves. »

Merlin s'était agenouillé, il était maintenant à quatre pattes, ses mains posées à plat sur le sol, ses ongles se mirent à griffer la terre, il gémissait et pleurait en étreignant un tas de feuilles mortes, tentant désespérément d'en faire surgir un corps. Il se roula sur le sol laissant libre cours à son chagrin.

« Elle me manque tellement ! Je n'ai qu'un désir : retourner dans la chaleur de ses cuisses et, tel le saumon, remonter le courant pour retourner dans son ventre, être bercé par le doux clapotis de ses eaux matricielles. Je sais que la nymphe des eaux de Brécilien peut accéder à ce souhait. Pauvre Arthur, il n'avait pas connu la chaleur du sein d'Ygraine et Guenièvre ne lui donnerait pas la joie d'être père ! Le blanc fantôme n'était qu'une incarnation de la terre, une image capricieuse menaçant de s'évanouir à la fin de la saison claire.

« Riwalen, c'est aussi ici que je suis devenu un roi, côtoyant la puissance de l'épée. J'ai perdu mes compagnons à la bataille et ma femme Gwendolene s'en est allée. Je n'ai rien pu faire. Tu as pu voir ce Merlin habité par la fureur de la guerre. Celui-là, je n'en veux plus, d'ailleurs il n'est plus. »

Le sage vint se redresser sur les genoux, le buste droit et les paumes ouvertes vers le ciel, il se laissa enfin traverser par ces ondes de souffrance qu'il avait toujours retenues. Combien de temps s'écoula, Riwalen ne sut le dire. Il patienta en battant le vieux paquet de cartes et il avait presque envie de murmurer les phrases du sage. Merlin vint poser son index sur les lèvres du jeune homme.

« Chut ! Tu as encore le temps, Riwalen. Reprenons le chemin, quittons cette terre enchantée pour les paisibles vertes vallées du Clamorgan. Laisse-moi revenir sur les aventures de notre héros breton et plus particulièrement sur cette fameuse bataille décisive !

« Léodegrand de Carmélide avait été assiégé car il avait soutenu l'écuyer Arthur. La bataille faisait rage car les grands barons refusaient de se soumettre à la puissance de l'épée. Pour cette première bataille du règne d'Arthur, j'étais à ses côtés, exerçant mon rôle de stratège. N'avais-je pas déjà moi-même combattu de nombreuses fois ? Les armes s'entrechoquaient avec violence et les chevaux hennissaient de terreur, pris malgré eux dans la tourmente du combat. Une échelle fut dressée et jetée contre le rempart, mais Arthur s'opposa et s'imposa vaillamment, et peu à peu la rumeur du combat s'éteignit. Un des fiers barons continuait de résister, il ne voulait pas d'un écuyer comme roi, alors Arthur lui tendit son épée et lui demanda de l'adouber. Devant la puissance de cette épée de souveraineté et la sagesse du jeune homme, il ne put que s'incliner. Arthur put ainsi songer à panser ses blessures et Guenièvre s'y appliqua sans voir qu'elle ouvrait dans le cœur du souverain une plaie bien plus profonde qui ne cesserait de saigner. Une fois sur pied, Arthur courut à moi et me posa une question qui me hérissa :

"Merlin, il me la faut, peux-tu faire qu'elle m'aime ?"

« Et je lui répondis froidement :

"J'ai déjà entendu cette question autrefois, elle a failli m'ôter la vie promptement, il a fallu neuf mois pour m'en remettre ! Mais quelle est donc cette chose qui rend fou le mendiant comme le roi, le riche comme le plus démuni ? Vous l'appelez l'amour, mais c'est un leurre, nommez-le plutôt désir, concupiscence charnelle à assouvir, instinct de survie, les bêtes ne font pas tant de manières !"

« Je fulminais et disparus quelque temps. Arthur était outré et lorsqu'il réussit à réengager la conversation, il répliqua :

"Comment oses-tu parler comme cela ? Tu n'es pas un homme, tu ne peux pas comprendre !

— Oh que si, Arthur ! Je ne saisis que trop bien ! Et toi, tu ne connais pas encore mon chemin. Guenièvre a pansé tes blessures et, dans l'onguent, elle a insinué le poison qui court dans ton sang, fait battre plus vite ton cœur. Il est déjà trop tard pour toi comme pour moi !"

« Après tout, Arthur devait épouser Guenièvre pour être définitivement roi et connaître les risques de l'amour, la possibilité de tout perdre sans la moindre missive pour prévenir. Le monde des hommes était bien le royaume de l'impermanence. J'avais fait une dernière vaine tentative, entraîner le jeune roi vers d'autres aventures chevaleresques car je devais polir son âme de guerrier. Or il arriva l'impensable lorsque l'on ne sait pas réfréner l'orgueil, et Arthur en fit la dure expérience. Le seigneur Pellinore vint provoquer en duel le jeune roi. Il est des combats qui ne sont pas les nôtres, c'est pourquoi il vaut mieux ne pas les engager et avoir le courage de dire "non". Mais Arthur s'y refusait, j'eus beau le sermonner, lui expliquer qu'il n'était pas de taille à relever ce défi, il se contenta de répondre :

"Mais je suis le roi !"

« J'escortai le jeune homme jusqu'en Petite Bretagne, dans la forêt de Brécilien, à la clairière des sept chemins. Je répugnais à faire appel à la magie, mais l'arrivée du géant

Pellinore dissipa mes derniers doutes et j'invoquai le sommeil de l'oubli au moment où ce grand chevalier allait porter le coup de grâce à mon protégé. Pour se garder de ce coup fatal, grâce à l'agilité de son âge, Arthur voulut parer le coup en opposant la lame de son épée, et il se produisit l'impensable : l'arme se brisa. Le silence s'abattit sur la forêt, le temps s'était arrêté, Pellinore restait campé sur ses jambes colossales, sa massue suspendue dans l'air. J'étais terrassé, comprenant tout à coup la signification de cette action. Elle résonnait comme une prédication : "Tu as brisé l'espoir." Et le jeune homme se releva brusquement, encore sous le choc de l'émotion. Il réussit à articuler des mots qui lui venaient du cœur :

"C'est mon orgueil, Merlin, qui l'a brisée. Je comprends la valeur de l'épée, maintenant ; elle est le symbole de l'union. En aucun cas elle ne peut servir la vanité d'un seul homme, mais le compagnonnage des chevaliers. Je dois admettre que je ne suis rien qu'un état transitoire, un roi d'une saison, mais j'ai cependant commis l'irréparable."

« Arthur était habité spontanément par la droiture et je lui fis reprendre la route, lui laissant croire que rien n'était perdu. Dans cette forêt de Brécilien où m'attendait tapis au fond du bois mon destin, je le menai dans l'aube d'un autre matin au château de Dyonas, seigneur de Comper. Je poussai la grille de fer forgé et je l'invitai à me suivre, nos pas roulaient sur les cailloux de schiste rouge et nous cheminâmes jusqu'au lac. Nous étions persuadés d'être, ce matin là, les seuls éveillés. Je fis entrer Arthur dans l'eau du lac. En toute confiance le jeune homme s'avança dans l'onde fraîche pour recevoir l'épée des ancêtres, Claimh Solais, Excalibur. Elle a été forgée au commencement du monde. Une main blanche de femme tendit l'épée scintillante de mille feux sous les premiers rayons du soleil et une voix résonna et enfla dans la tête du jeune homme :

“Voici Excalibur, l’épée des rois. Tant que tu la porteras, la victoire te sera toujours acquise. Sers-toi à bon escient de cette arme, je te remets son fourreau, il est aussi important que l’arme : grâce à celui-ci ton corps de chair sera préservé des blessures, mais quand la saison du roi sera achevée, il faudra me rendre l’épée dans ce lac ou un autre, qu’importe, car les eaux de ce monde ne sont qu’un seul et grand océan. Il faut promettre solennellement, jeune homme !”

« Arthur s’inclina le mieux qu’il put et la main disparut. Arthur rangea Excalibur dans le fourreau et me rejoignit.

“Je vais appeler nos montures, il va falloir rentrer au plus vite en Grande Bretagne. D’autres batailles t’attendent.”

« Je repensais à la rencontre d’Arthur avec la Dame du Lac, puissance de l’Autre Monde, des profondeurs. Sur le chemin du retour, pris dans l’élan de la course, une question vint à me brûler les lèvres et je m’empressai de la poser au jeune souverain :

“Alors, que préfères-tu ? L’épée ou le fourreau ?

— Quelle question stupide ! me répondit Arthur. Je préfère l’épée, bien sûr !”

« Je soupirai et répliquai d’un ton las :

“Décidément, tu n’as donc pas encore assimilé la leçon ! Rien ne sert de posséder la force si on ne sait pas la maîtriser !”

« Arthur me regarda alors droit dans les yeux et me répliqua une phrase assassine :

“Est-ce pour cela, Merlin, que tu as renoncé à la royauté de ce monde et à la puissance de l’épée ?

« Je préférai garder le silence, rien ne sert de dire la vérité si elle doit offenser l'autre. Arthur dut livrer maints combats, mais autour de lui il avait su s'entourer de valeureux guerriers. Son corps avait été sculpté par les exercices de la guerre et son visage se faisait plus mature. Les affrontements étaient terminés, une seule terre, un seul roi, tels étaient les propos clamés par Arthur par une nuit étoilée. Je me souviens de cette nuit-là où les guerriers formaient un grand cercle faisant écho à celui qui était inscrit dans le ciel. Douze ans de paix allaient s'instaurer, une trêve qui emmènerait d'autres épreuves, mais je souhaitais au plus profond de mon être qu'ils soient présents à cet événement, à cette émotion, sans penser au passé ou se projeter dans le futur. Dans ce moment d'allégresse, ils ne faisaient qu'un. Les étendards battaient au vent et la lueur des torches projetait leurs ombres. Ma volonté était que cette nuit reste à jamais gravée dans leur mémoire car le destin de l'homme est porté à oublier. Arthur ne souhaitait pas effacer de sa mémoire ce moment, et comme il était une partie de moi-même, parcelle d'éternité, il décida de faire prendre corps, d'incarner cette idée de l'"union" et des liens entre ses compagnons. L'anneau s'était déjà formé par les pierres, par la sépulture des valeureux guerriers d'Uther Pendragon offerte par le clan de la déesse Dana. Il reprenait forme dans cet instant, dans l'attitude de ses guerriers. Désormais ce cercle serait matérialisé par la Table Ronde, dot de la future reine, la belle Guenièvre. Cette table rappellerait le serment de cette nuit étoilée, ce serment mais aussi le fragile pont possible entre l'ici et l'ailleurs. Ainsi, Arthur inspiré par mes pensées instaura le rituel de l'égalité, de la fraternité, de cette confrérie de chevaliers. La table devenait un sas entre le monde des hommes et l'Autre Monde, le lieu où l'aventure contée et narrée se mettait à exister et à s'inscrire dans ce monde. Arthur ajouta fièrement :

"Cette terre aura aussi un héritier qui brandira à son tour Excalibur, l'épée des ancêtres !"

« Pauvre fou que j'étais, pauvre roi. Après ce moment solennel, la cour se plongea dans la célébration nuptiale. Déjà le cortège s'était mis en marche, Guenièvre avait quitté la forteresse de son père. La jeune fille était chargée de veiller sur l'acheminement de sa dot, cette fameuse Table Ronde, si lourde que l'anneau de bois composé des sept essences du bois sacré de Bretagne avait été démantelé et réparti pour le convoyage sur quatre chariots tirés par plusieurs paires de bœufs. Guenièvre chevauchait gracieusement en amazone, vêtue d'une robe pailletée d'or et coiffée d'une couronne de feuillages. Arthur l'accueillit avec beaucoup d'émotion car elle était la souveraineté mais aussi la maîtresse de son cœur. Il l'entraîna vers la cathédrale, marchant tous deux du même pas dans l'allée centrale. Au son des voix de ténors des hommes, répondaient celles cristallines des femmes, scandées par le bodhran et l'effleurement des cordes d'une harpe. Arthur dans son armure de guerrier avait l'éclat argenté de la lune auquel répondait la beauté solaire de la future reine. Son visage voilé par une mousseline dorée m'évoquait déjà l'objet de la quête qui allait suivre. Il ne fallait plus tarder, car la paix ne dure jamais trop longtemps dans le cœur des hommes. Ils furent unis par les liens sacrés du mariage, l'homme à la femme. Je vins me placer juste derrière le jeune roi et je lui rappelai le pacte de la souveraineté :

"Tu es la terre et la terre est toi. Si tu lui manques, elle dépérira, si tu te couches en son sein, elle fleurira."

« Désormais, Arthur n'aurait plus sa part sur le champ de bataille. »

« Morgane, fille d'Ygraine, demi-sœur d'Arthur, était présente à la cérémonie, elle se hâta de me rejoindre lorsque je quittai la cathédrale de pierre. L'étoffe de son manteau rabattu brusquement sur ses épaules siffla comme l'envol d'un oiseau. Elle m'appela pour interrompre la marche de mon destin. Sa voix se fit douce et envoûtante :

"Seigneur Merlin, ne me reconnais-tu pas ? Je suis Morgane, fille d'Ygraine et de Gorlois de Cornouailles. Merlin, je n'ai rien oublié et je viens cheminer à tes côtés car je me reconnais en toi. Nous sommes complémentaires. Apprends-moi, Merlin."

« Je n'avais rien à lui enseigner, Riwalen. Elle savait, elle avait vu. Mais je me devais de lui rappeler comme ce chemin vers la libération était solitaire, et l'initiation baignée de larmes. Morgane était vivante, passionnée. Elle me posa la main sur le bras et je sentis comme les serres d'un oiseau entrer dans ma chair. Elle insista :

"J'ai du courage, Merlin, je me plierai à tes exigences.

— Je n'ai pas d'exigences, Morgane, et si tu dois plier quelque chose, jeune fille, commence alors par ton ego, car la magie que j'enseigne n'est pas celle mise au service de la puissance, mais du renoncement."

« Nous allâmes marcher dans la forêt, j'éprouvai les talents de cette apprentie nécromancienne. Morgane m'interrogea :

"Quel est ce feu qui brûle en moi, Merlin ? Pourquoi aspiré-je à cette voie ?

— C'est l'éveil du dragon. Pourtant c'est le chemin de la solitude que tu es en train de prendre, et le temps est désormais compté pour les gens de notre sorte. Magiciens et devineresses disparaissent progressivement, et ceux qui resteront exploiteront l'ignorance et la souffrance des hommes, et c'est un grand malheur. Morgane, ton nom secret est fata Morgana Argante. Tu es la réincarnation de la grande déesse de la Guerre, le corbeau des batailles qui se repaît des blessures de l'ennemi et accorde la victoire au prix du sang. Une et trois à la fois car tu es aussi Badb, la déesse de la Nuit, Macha, déesse de la Guerre, et Nemain, furie guerrière. Tu es l'épine noire dans la colonne de vie de ton demi-frère Arthur, car tu as enfanté un fils, Mordred, personnification de l'inceste, du chaos et de la chute du royaume. Le Dieu unique a chassé le dieu multiple et les esprits de la forêt vont s'assoupir. Le Peuple de Féerie perd de sa puissance, ils sont déjà si petits ! Ainsi va le monde, le temps des hommes, et son avènement, va déchirer notre mère originelle. Écoute, Morgane !"

« Et elle entendit la terre sangloter, les lits des rivières se gonfler, les vents violents arracher les arbres, les océans grossir, prêts à nouveau à tout engloutir.

"Eh oui, ainsi va le monde, Morgane, si ce n'est pas une autre guerre, ce sera un nouveau déluge." »

Merlin et Riwalen s'avançaient vers les collines enchantées du Gwent et leur périple au pays de Galles allait bientôt prendre fin. Le sage avait ressorti son vieux paquet de cartes. « Par habitude ? s'interrogea Riwalen. Ou était-ce un exercice préparatoire à quelque rite magique ? »

« Pique et carreau : Courage et Puissance.
Trèfle et cœur : Savoir et Plaisir.

« On me nomme, Lailoken, Taliesin ou Suibhne. Mais qu'importe mon nom. Nous voilà à l'extrême sud-est de

Cymru. Abandonne-toi à la beauté du paysage, Riwalen, et peut-être sentiras-tu la présence innombrable de ces êtres surnaturels qui demeurent encore aujourd'hui sous ces collines sauvages. Les gens ont gardé ici une coutume, celle de poser des fleurs d'aubépine sur le seuil de leurs portes pour éloigner ces créatures dont ils craignent les sortilèges ou les charmes ! »

Merlin éclata de rire.

« Je devrais me méfier et conserver cette pratique quand le temps sera venu, mais je suis confiant. Bientôt nous allons entrer dans le mois d'août ; il marque le commencement de la saison des moissons. Dans les bois, la myrtille, la mûre, grossissent et mûrissent.

« En attendant, j'avais un ordre à faire jaillir : celui de la Table Ronde ! Nous nous étions retrouvés tous les deux, Arthur et moi, dans la grande salle où elle devait trôner. Pour l'accueillir, j'avais érigé un palais, une forteresse, dont j'avais puisé l'ossature dans les éléments qui nous entouraient et même nous constituaient. J'avais accroché aux murs du palais des tentures tissées dans la voie lactée. Cette architecture sacrée resplendissait sur cette terre et c'est pourquoi elle reçut le nom de Caamelot la dorée. Quant à la table, elle gisait pour le moment en plusieurs morceaux. Nous devions la remonter ensemble, c'était une surprise – ou plutôt un moyen de me faire pardonner mon absence durant le jeune âge de mon fils. Je n'avais partagé aucun de ses jeux, cette Table Ronde devenait ainsi réparation, mais aussi elle devait parfaire son initiation. Je reconnus dans l'expression dépitée d'Arthur celle d'Uther lorsque nous avions choisi de rapporter l'anneau de pierre des îles du Nord du monde.

“Ne t’inquiète pas, cela ne sert à rien, il suffit de s’y mettre et de ne pas penser. Fais ce que tu as à faire, dis-je d’une voix puissante qui fit sursauter le jeune souverain. Mais d’abord, commençons par le commencement : tu dois développer ta sensibilité pour reconnaître les essences des arbres, ils proviennent du bosquet sacré des druides, c’est un lieu magique car dans les branches de ces arbres s’exprimaient autrefois les divinités de la nature, il était rituellement composé de sept arbres : le bouleau, l’aulne, le saule, le chêne, le houx, le noisetier et le pommier.”

« Je retrouvai, dans ce moment, les joies d’un père partageant avec son fils le temps du jeu et de l’apprentissage.

“Maintenant, ferme les yeux et pose-toi la question suivante : qu’est-ce qu’un arbre ? Et laisse venir à toi des images, des sensations.”

« Je conduisais Arthur dans cette visualisation.

“Laisse la puissance de l’arbre te gagner, pense au hêtre de Ponthus dans la forêt de Brécilien et sens en toi ta colonne vertébrale avec ses branches, elle est ton arbre de vie. Est-ce que la phrase ‘Vous êtes le monde et le monde est en vous’ a plus de sens maintenant ?”

« Tout en conservant le silence, Arthur hocha la tête en signe d’acquiescement.

“Alors nous pouvons procéder à l’instauration de la Table Ronde, tout en poursuivant la connaissance des différentes essences de bois. Tu vas continuer à les parcourir avec tes mains, sentir leurs qualités.”

« Je laissais à Arthur le loisir de caresser le bois, de poser ses doigts sur ses veines et de l’entendre palpiter. Le bois parlait, Riwalen, et nous commençâmes par le bouleau, arbre des commencements et de purification, pour aboutir au pommier, le plus noble d'entre eux. Arthur murmura tout en caressant cette portion de la table :

"C'est là que j'achèverai mon voyage, sur l'île des pommes, Avalon.

— Oui, Arthur, mais avant je te ferai une dernière révélation."

« Lorsque Arthur ouvrit les yeux, la table scintillait de mille feux et il sentit la présence des anciens dieux. Je lui déclarai solennellement :

"Désormais tu ne peux plus combattre, car toute blessure t'éloignerait du trône. Tu es le garant de la prospérité du royaume, mais ton rôle s'arrête au seuil de la bataille. Ce sont tes chevaliers qui vont endosser les risques que tu ne peux encourir. N'oublie pas : ta santé est liée à la terre, même si ce règne doit durer le temps d'une saison. Sois généreux, Arthur, donne sans compter car la richesse que tu portes en toi est inépuisable. Tu es l'expression de la vie et la vie s'exprime pleinement en toi, tu es vivant, ô roi ! Accepte ta fonction et ce qui advient, car si tu cessais d'être dans le don, le compagnonnage de la Table Ronde se désagrégerait et la terre deviendrait stérile. Maintenant, fais-toi coupe, ouvre la caverne de ton cœur et vois avec cet œil de la Table Ronde."

« Tout en conservant les yeux fermés, Arthur s'interrogea. Il paraissait tout à coup angoissé :

"Qu'est cela ?

— Laisse les choses venir, c'est le souffle, l'*awen* de l'ancienne tradition des druides qui coule en toi, et regarde le destin de ce monde."

« Arthur reconnut la roue puis il la vit se modifier progressivement. En prenant de la vitesse, les animaux disparurent et finirent pas céder la place à un simple cercle. Elle tourna le temps d'épuiser son élan, et un vieil homme apparut et vint à se saisir d'un des rayons pour réactiver sa course. À ce moment-là, Arthur porta la main à son cœur ; il sentit une immense douleur.

"Tu ne te reconnais point ? Quel spectacle merveilleux que celui de l'individu encombré de ses pensées et de sa destinée, voulant à tout prix tout contrôler ! C'est épuisant, n'est-ce pas ? Mais tu peux te consoler en te disant que tu n'es pas le seul. La plupart des êtres humains sont pris par le jeu de la roue." »

Tandis que Riwalen suivait attentivement le récit du sage, ces mots prononcés la première fois dans la taverne du Chaudron de Telhouët en forêt de Brécilien résonnèrent en lui et prirent un tout autre sens :

« Amis, regardez ce cercle lumineux. Voyez, c'est la course du temps et vous êtes pris dans ses rets ! Pique et carreau : Courage et Puissance. Trèfle et cœur : Savoir et Plaisir. »

C'était étrange d'entendre plusieurs fois la même chose et tout à coup d'avoir le sentiment d'accéder à un autre degré de compréhension.

« Eh oui, je révélais à Arthur le fonctionnement de la métempsycose, il se vit ainsi avançant de naissance en naissance à travers huit millions quatre cent mille espèces de vie. Il avait de quoi être épuisé ! La roue avec ses quatre animaux indique les règnes que nous avons dû traverser : celui du minéral, végétal puis animal, pour aboutir à l'homme. Mais cette ronde monotone peut être interrompue. Je poursuivais l'initiation d'Arthur.

“C’est la roue, celle du destin. Vois comme tu es un vieillard maintenant, tes cheveux jaunis pendent lamentablement autour de ton visage, tu es usé par la loi de la transmigration, combien d’allers-retours entre cette vie et l’au-delà sous cette forme humaine, Arthur ?

— Que puis-je faire, Merlin ?

— Voir simplement. Voir et sentir l’étincelle qui est en toi ; elle ne t’a jamais failli, elle s’est contentée de luire, mais tu peux aussi la faire briller.

— Comment Merlin ?”

« J’éclatai de rire :

“Patience, jeune homme, cela se fait, c’est pourquoi j’ai lancé la quête pour te mettre, toi et tes compagnons, un peu sur la voie ! Quant à cette angoisse qui étreint ta poitrine et t’épuise, il te suffit de laisser faire, ouvre-toi à ce qui vient. Accepte ce qui est, et ne t’acharne pas sur ce qui devrait être, cela n’a pas d’existence. Le courage est de voir, Arthur, car de celui-ci jaillit la vérité. Voilà ce qu’est le sage : un “voyant”. Il n’y a rien d’autre à ajouter, tout est dit dans cette phrase, dans ce verbe. Voir sans comparer, sans mesurer à l’aune de ses expériences passées. Sais-tu faire cela ?”

« Alors Arthur secoua brutalement la tête comme pour effacer la vision et se fermer à son cœur. Il résistait et déclara fougueusement :

“Mais je suis le roi, je suis l’élu !”

« Et je lui répondis sèchement :

“Uther avait déjà prononcé ces paroles, prisonnier du plaisir et de sa souffrance. Il a perdu la confiance de ses hommes en convoitant la femme d’un autre, celle du duc de Cornouailles.”

« La résistance d'Arthur avait provoqué l'effacement de la vision.

“As-tu tant besoin de cela, Arthur ? De ce rang social, cette royauté ? Il ne te sera pas permis d'emmener ton sceptre et la couronne là où tu vas. Il est temps de rappeler tes hommes afin que j'annonce la suite des événements.”

« Un soleil radieux inondait la salle où trônait la Table Ronde. Les cliquetis des armures résonnèrent dans les couloirs de la forteresse et la grande porte s'ouvrit sur les chevaliers. Ils prirent place dans le silence, émerveillés par le prodige qui s'accomplissait sous leurs yeux. Leurs noms s'inscrivaient en lettres d'or sur les sièges. Seul le siège à la droite du roi resta vacant. Il se répandit alors une odeur plus suave que la rose ; l'encens se mit à brûler et, dans ses volutes de fumée, ma voix s'éleva. J'apparus alors aux chevaliers dans mon grand manteau forestier, appuyé sur mon bâton de pèlerin, prêt à accomplir le dernier voyage et à réaliser mon propre destin. Seul Arthur distingua l'imperceptible mouvement de la table allant du rond vers l'ovale. L'œil se forma et s'ouvrit, le bois travaillait et les esprits des ancêtres purent ainsi se manifester. Je révélais alors à tous les chevaliers comment je m'étais rendu dans les îles du Nord du monde à la rencontre des mes frères, les grands druides, comment ils m'avaient confié les talismans magiques, insignes de la royauté, pont entre ce monde et l'Autre Monde. Les mésaventures de Balin, la blessure du roi Pellam et la disparition de ces objets. J'élevais la voix de plus en plus fort et mon ton se fit plus sentencieux :

“Chevaliers, vous allez entrapercevoir ce qui vous a toujours manqué et que vous croyez avoir perdu à jamais. Certains le nomment le Graal, alors appelons-le ainsi. En ce jour sacré de la Pentecôte, il va quitter le domaine du roi Pellam où il repose, pour apparaître parmi nous."

« Alors, ils accédèrent à une vision extraordinaire, ils virent une forme flottante masquée par un drap de lin. La silhouette d'une coupe se dessina, grande était la tentation d'écarter le voile et de contempler l'intérieur de ce calice.

"Seigneurs, vous n'êtes pas encore prêts, c'est pourquoi il vous faut vous contenter de cette brève apparition. Goûtez à cette émotion sans vous y perdre, elle est le fil qui vous guidera sur le chemin solitaire et peuplé d'embûches de la quête. Quand le moment sera venu pour vous, il faudra boire à cette coupe jusqu'à la lie. Et si cela ne vous tue pas, vous en reviendrez plus fort. Rappelez-vous, nul ne reçoit plus qu'il ne peut supporter. Ne tardez pas cependant, car la vie dure le temps d'un soupir dans l'éternité. Gardez dans vos cœurs le serment fait sous les étoiles et la concrétisation de celui-ci par la Table Ronde, symbole de l'étroite correspondance qui unit ce monde à l'autre. Puisse la terre ne plus flétrir en ce royaume."

« Je m'adressai à Arthur :

"Laisse-les aller maintenant, point d'attachement, ne te montre pas abattu mais réjouis-toi de leurs aventures. Elles font partie de toi ; leurs défauts sont tes qualités, ils t'offrent la plus belle aventure, celle de polir la surface de l'être pour que jaillisse le joyau."

« Les chevaliers étaient éblouis par la vision du Graal et grandissait en eux le seul noble désir de ce monde : se tourner vers lui et aspirer à le retrouver. Ses contours se firent de plus en plus flous et enfin il disparut tandis que la table retrouvait sa rotondité. Un léger sourire se dessina sur les lèvres d'Arthur, il me regarda et j'acquiesçai de la tête discrètement.

“Il est temps pour vous de prendre le chemin, car le Graal a rejoint le château du roi Pellam. Restez confiants car cette quête est placée sous le signe de l’inattendu et chacun – je peux vous l’assurer – recevra son dû et pourquoi il est venu.”

« Arthur sortit alors de son baudrier damasquiné la lame étincelante d’Excalibur. Il tendit sa pointe vers le centre de la table, la lame se mit à vibrer puis à chanter. Le bois de la table clamait silencieusement “Claimh Solais”. Elle appelait ses sœurs à retrouver la coupe, les chevaliers sortirent alors à leur tour leurs armes pour former avec le souverain les rayons d’une roue dont le moyeu était vide. Arthur ajouta à mes paroles :

“Vous aspirez tous à cette quête, car l’épée et la coupe, comme la reine et le roi, l’homme et la femme, ne font qu’un.

— Voila qui est bien, Arthur, lui murmurai-je. Ils ne comprennent pas encore ce symbole car ils n’ont toujours pas accès à leurs royaumes intérieurs, mais cela va cheminer et faire sens en eux. Je dois partir maintenant, le temps de régler quelques affaires, dicter à Blaise ces dernières aventures et retrouver enfin ma petite sauvageonne.

— Tu me laisses au moment où j’ai le plus besoin de toi, Merlin ! dit Arthur avec un sanglot dans la voix.

— Je ne t’abandonne pas, je te demande simplement de me laisser partir. Cela fait partie aussi de notre chemin. Je serai toujours à tes côtés, à jamais, mais d’une autre manière. Je t’ai montré la voie, Arthur. Pense à la caverne de ton cœur et réjouis-toi. Cet éloignement provisoire va te permettre de naître une seconde fois et d’accomplir enfin ton destin d’homme – à défaut de celui de roi. C’est la plus belle preuve d’amour que je puisse te donner.”

« Je m’adressai plus fort à l’assemblée :

“J’ai un dernier message à vous délivrer, car vos aventures vont entrer dans la légende, elles seront contées encore et encore car elles ont un message universel qui est à délivrer à l’humanité. Certains, peut-être tous, vous vous demandez où je puise ma magie. Cela n’a jamais été un secret ou un mystère. Voici une histoire qui vous éclairera.” »

LUGNASADH[1]

Plaisir

« Nous voilà en Irlande, Riwalen. Ici je me nomme Suibhne. L'Irlande est la terre des saints, mais ces saints sont des fous qui sont en relation directe avec le ciel. Ce ciel qui n'est là que pour exalter les songes et laisser descendre en leurs âmes les paroles indéchiffrables des bêtes, des plantes et des pierres. »

Tout en prononçant ces paroles, le sage s'était mis à danser et à exécuter quelques pirouettes. Il avait plongé sa main dans une de ses grandes poches, constatant encore la présence du serpent d'argent et du vieux paquet de cartes tout écornées. Il se saisit du paquet et se mit à battre les cartes avec énergie :

« Pique et carreau : Courage et Puissance.
Trèfle : Savoir »

1. Une des quatre grandes fêtes celtiques avec Samain, Imbolc et Beltaine. Celle-ci débutait le 1er août, moment où se réunissait l'assemblée de Lug (un des principaux dieux du panthéon celtique) que le roi présidait. Elle était donnée en l'honneur des moissons, elle se déroulait autour des tertres abritant les déesses de la Fertilité. Lors de cette fête, placée sous le signe du blé, le dieu Lug promettait à chacun la paix et l'abondance.

Il tendit les cartes vers le ciel et un souffle puissant vint se saisir d'une des cartes pour la laisser tomber aux pieds des deux hommes. Merlin la retourna.

« Cœur ! Plaisir, cela tombe bien ! Nous allons bientôt célébrer le 1er août. Dans la tradition celtique, c'est une des quatre grandes fêtes de l'année : *Lugnasadh* ou « assemblée de Lug », un des principaux dieux du panthéon irlandais. Autrefois, les dieux tenaient leurs engagements envers les hommes car ils les honoraient en célébrant la générosité de la terre. Voici la révélation que je fis aux chevaliers de la Table Ronde à propos de la magie et de mon dragon… En ce temps-là, le Peuple de Féerie vivait encore en étroite harmonie avec les hommes. Il était présent dans la forêt, ses lacs et ses sources, mais aussi aux veillées au coin du feu, dans leurs cœurs. Il était composé de fées, de nains, de géants et d'elfes. Les hommes les nommaient parfois *élémentaux* car chacun avait son domaine, son royaume : celui de l'eau, de l'air et du feu. Ainsi, ils constituaient les puissances et les richesses de la terre. Les hommes pouvaient les rencontrer et ne les craignaient point. En échange d'une aide apportée, d'une faveur accordée, d'un souhait exaucé, ils leur faisaient des cadeaux – une couronne de feuillages, un joli caillou jeté dans l'eau –, à la mesure de leurs moyens qui étaient minces. Le Peuple de Féerie se montrait peu exigeant car il était aussi modeste et humble que les hommes. Saison après saison, année après année, les hommes renouvelaient l'antique pacte qui les unissait au Peuple de Féerie, à la nature. Chaque menu geste de leur quotidien était empreint de sacré. Ils les accomplissaient dans la joie, avec ferveur et bienveillance, prélevant ce dont ils avaient la nécessité et n'oubliaient jamais de demander puis de remercier la terre pour les bienfaits qu'elle leur accordait. Ainsi, les hommes étaient à leur juste place dans le cycle de la vie car ils connaissaient la force de Féerie et de ses royaumes. On racontait alors que l'association de ces trois royaumes – l'eau, l'air et le feu – sur la terre, constituait une énergie incroyable. Une fois assemblés entre eux, ils prenaient la forme d'un dragon. Un dragon tantôt lové sous les entrailles de la terre, tantôt courbant l'échine sur les crêtes, nageant dans les nombreux lacs, exhalant des nappes de brume sur les sentiers forestiers. Mais plus le temps passait, plus les hommes oubliaient le lien étroit qui les unissait à la nature. Habités désormais par l'arrogance et la prétention de pouvoir commander les éléments, ils piétinaient, malmenaient la forêt et se désintéressaient de la terre, la mère originelle dont nous étions tous issus. Un jour, le cœur des hommes cessa de battre au rythme de la vie, à l'unisson de celui du dragon. Le Peuple de Féerie progressivement déserta les lieux. Séparé, fragmenté, le dragon gisait inanimé quelque part sous une roche pourprée. La terre dépérissait, les astrologues ne sachant que faire crurent bon de les mettre en garde. Mais les hommes déclaraient :

"Qu'ils retournent à leurs calculs et à leurs observations ! Nous avons assez à faire avec nos propres soucis !"

« Les bardes, les poètes auxquels j'appartenais, à leur tour tentèrent de les émouvoir, car avec la disparition du dragon, leur inspiration s'éteignait petit à petit comme la flamme d'une bougie. Mais les hommes se disaient :

"Les poètes sont victimes de leur imagination, elle les fait délirer ! Qu'on les enferme avec les fous ! Ils voient un dragon là où il n'y a que de la pierre !"

« Les enfants eux-mêmes s'étonnaient de ne plus trouver en forêt le chemin des légendes. Ils disaient ne plus entendre le rire étouffé des farfadets, le joyeux battement d'ailes des elfes, ne plus voir la ronde des petits êtres dans le feu du foyer. Mais les hommes s'esclaffaient :

"Les enfants sont victimes de leur âge. Leur fantaisie leur fait croire bien des choses absurdes ! Allons ! Ne nous laissons pas troubler par de tels enfantillages !"

« Cependant, il fallut bien se rendre à l'évidence et donner raison aux enfants, aux poètes, aux astrologues. Le chemin s'effaçait au fur et à mesure que le Peuple de Féerie s'éloignait et que s'assoupissait le dragon. Cette fois, les hommes s'inquiétaient, qu'allaient-ils devenir ? Désormais seraient-ils condamnés à rechercher inlassablement sans jamais trouver ces passages ? Fallait-il encore croire ? Ou espérer tout simplement la rencontre du hasard ? Chaque jour, chaque nuit, les hommes étaient aux aguets, se demandant avec effroi ce qui allait arriver. Comment renouer avec le Peuple de Féerie ? Comment conjuguer, marier à nouveau l'eau, l'air et le feu sur cette terre pour réveiller le dragon ?

« Au milieu de l'affolement général, quelques anciens et surtout quelques personnes encore amoureuses de leur terre se souvinrent d'une déesse que leurs grand-mères avaient bien connue et honorée. On explora fiévreusement la forêt de Brécilien où elle avait dû élire résidence si elle était devenue fée. Après avoir franchi d'épais fourrés, parcouru maints et maints sentiers, tourné en rond, ils la découvrirent au creux d'un vallon.

"Que venez-vous faire ici, hommes ?

— Nous cherchons la dernière fée, car chaque nuit le passage entre le monde des hommes et celui de Féerie s'efface. Les liens qui nous unissaient à la terre s'estompent et nous sentons nos forces nous abandonner à mesure que le dragon s'endort plus profondément. Nous étions des vivants, nous voilà maintenant en vie, condamnés bientôt à survivre."

« La fée était d'une beauté émouvante, son visage juvénile était encadré de cheveux roux flamboyants, elle avait des yeux verts pétillant de malice et un nez mutin. Elle portait une robe ruisselante de pierreries, étincelant sous les derniers rayons du soleil couchant. Elle répondit de sa voix coulant comme une cascade au creux du bois :

"Je consens à vous venir en aide, car certains ont su tendre l'oreille et sont encore capables de recevoir mon message. Mais ce sera la dernière fois ! Jamais pareille chose n'aurait dû advenir si chacun avait cultivé le jardin des légendes, regardé, partagé les beautés et les richesses qui nous entourent. Car c'est dans l'attention que l'on porte aux choses que réside le merveilleux. Voilà pourquoi le Peuple de Féerie a déserté vos lieux, voilà pourquoi le dragon s'est endormi. Allez en paix et répétez mes paroles : *afin que les hommes se montrent plus sages, ils redeviendront apprentis !*"

« À peine ceux-ci avaient quitté le lieu enchanté que la fée tira trois notes aiguës d'un petit sifflet de bouleau qu'elle portait au bout d'une chaîne suspendue à son cou. Une avalanche d'oiseaux s'abattit au creux du vallon. Il en venait de partout et l'endroit fut bientôt un immense bouquet d'ailes, de chants et de cris.

"Merci, mes amis, d'être accourus, d'avoir volé à mon appel. Seul mon cher roitelet peut m'être utile aujourd'hui. Que les autres se retirent."

« Il ne resta sur l'épaule de la fée que le petit oiseau humble et ingénieux. Ils s'en allèrent tous deux silencieusement sur les chemins. De temps à autre la fée lui confiait quelques mots et l'oiseau lui répondait en pépiant gaiement en lui picorant l'oreille. Ils allaient non pas tout droit mais en décrivant une spirale. La fée interrogeait sur son passage les hommes qui vivaient là, sondant leurs âmes. Voyant que la flamme du merveilleux luisait encore dans leurs cœurs, prête à se raviver, la fée leur offrit une merveilleuse épopée – celle du roi Arthur, de ses compagnons de la Table Ronde et de la noble quête du Graal – pour se mettre en chemin. Une délicate attention pour révéler aux hommes ce qu'ils savaient déjà mais qu'ils avaient mis de côté, un peu oublié ou enfoui. Quitte à rejoindre le Peuple de Féerie, elle leur confia que la magie était partout et nulle part à la fois, qu'il suffisait d'échanger quelques paroles, de prendre le temps, de donner de l'énergie et de l'amour. Voilà comment s'éveille et s'apprivoise le dragon. Vous pouvez si vous le souhaitez encore appeler cela de la magie. Mais n'oubliez pas cette histoire, elle vous nourrira tout au long de votre quête, elle vous permettra de voir les aides dont vous avez besoin sur le chemin. Et si vous doutez quelques fois, méditez sur cette phrase : *la porte est en dedans*. Dans les aventures qui vous attendent, vous verrez ce qu'ont fait les hommes de cet antique message. »

Les deux hommes étaient en route et marchaient à vive allure. Riwalen eut le sentiment que se détachait au fond du paysage la silhouette gigantesque d'une ville. Merlin soupira :

« L'île d'émeraude, l'antique Érin. Nous allons commencer par un camaïeu subtil de gris sur lequel plane le cri lancinant des mouettes. Nous arrivons à Dublin, Riwalen, capitale posée au levant au fond de sa baie tendue d'éternelles grisailles. Regarde comme elle est belle, parée de cette symphonie de gris : perle, ardoise, souris, cendre. Des gris délavés par la pluie, Dubh Linn, the Dark Pool, "la mare noire", comme les eaux de la Liffey que colorait naguère la tourbe. »

Les deux hommes s'étaient engagés dans la ville. Sur leurs bicyclettes, des gamins dépenaillés s'éparpillaient à travers les rues mouillées, hurlant à plein gosier les nouvelles du jour.

« Comment va le monde ? » grommela Merlin en saisissant un journal au vol.

Au coin d'une rue, une vieille femme égrenait à la harpe les notes mélancoliques de la ballade *Gloomy winter*.

« Ah ! Non ! Il fait effectivement gris, mais nous ne sommes pas encore en hiver pour fredonner une telle chanson ! Je t'ai emmené ici, Riwalen, car Dublin est le rendez-vous de toutes les Irlande, les sombres, les gaies, les démunies, les opulentes, les querelleuses, les étriquées et les secrètes. Nous allons au sud-est de la Liffey, à Merron Place. »

Le quartier de Merron Place était composé d'une succession d'élégantes maisons aux portes colorées, ornées d'impostes ajourées et de heurtoirs ciselés.

« Dublin a voulu être la nouvelle Rome, une splendeur gagnée sur la misère. Nous allons rendre visite à Trinity College Library. J'ai quelque chose de précieux à te montrer là-bas. Mais, en attendant, laisse-moi te conter la suite des événements liés à la Table Ronde.

« J'insistais encore sur certains points avant de laisser les chevaliers prendre congé du roi :

"N'oubliez pas aussi la Table Ronde, elle est le symbole de l'égalité, mais elle est au-delà de cette simple signification. Souvenez-vous du serment échangé sur le champ de bataille au moment de la victoire. Nous étions sous la voûte du ciel étoilé, elle est le reflet de celui-ci, elle nous dit que tout est lié et que vous ne formez qu'un seul corps. Autour d'elle ont pris place les meilleurs chevaliers du monde, et à la droite de votre souverain est resté un siège libre : il est réservé au meilleur des meilleurs. Ne commettez pas la folie ou la prétention de vous y asseoir car telle n'est pas votre destinée pour le moment. Toute aventure prend naissance ici et ne commence à s'incarner dans ce monde que lorsque vous revenez prendre place pour conter votre aventure au bout de un an et un jour. Arthur ne vous réclame pas l'ost mais un service plus subtil, placé sous le signe de la solitude. Nous sommes entrés dans un temps de paix et de prospérité. Le champ de bataille vous manque, peut-être allez-vous sombrer dans la *recréantise*, le plus grand péché du chevalier : l'oubli des nobles combats. Vivez pleinement ce moment qui vous est donné, et demandez-vous quelles leçons vous avez tirées de ces guerres et de ces souffrances. Maintenant il vous faut trouver ce que vous avez perdu. Méditez sur cela et si vous ne pouvez lui donner un nom, le temps de la quête que j'ai instaurée va vous mettre sur le chemin, mais je ne peux le faire à votre place."

« Les chevaliers se retirèrent un à un de la Table Ronde : Perceval, Lancelot, Gauvain, Bohort et tant d'autres. De merveilleuses aventures les attendaient qui marqueraient à jamais la mémoire des hommes. »

Merlin entraîna le jeune homme sous une grande nef lambrissée et tapissée de livres. Dans cette immense bibliothèque de Thomas Burgh se trouvait un trésor. Ils s'arrêtèrent alors devant une vitrine exposant un magnifique livre enluminé.

« C'est le livre de Kells. Dans ces enluminures teintées d'onirisme baroque, tu contemples le plus haut symbole de l'âme insulaire irlandaise. »

Merlin laissa ainsi pendant quelques instants Riwalen à la contemplation de ces entrelacs celtiques, moments qui lui parurent éternité. Le jeune homme fut alors emporté à travers les siècles et les civilisations. Il crut saisir un court instant le sens de la vie dans la mort et la mort dans la vie. Les entrelacs de Kells lui avaient offert un autre voyage. Celui-ci était immobile.

« Ce sont les rets du temps, Riwalen, tout est dit dans la spirale. Maintenant partons, quittons Dublin. »

Riwalen regardait les façades des maisons et les devantures des magasins défiler à toute allure. Il soupira tout en voyant un groupe de badauds s'agglutiner devant une vitrine emplie d'objets clinquants.

« Le nouveau monde commence aux frontons des magasins, les temples et les lieux de recueillement ont changé. Je souhaite pour le moment que nous nous rendions dans la vallée de la Boyne. Et, si nous avons un peu de temps, nous ferons le tour de la gracieuse Érin, l'île verte, lieu des merveilles. »

L'environnement urbain de Dublin avait cédé la place à un paysage de verdure. Les deux hommes faisaient route vers Slane. De la colline, ils purent contempler un magnifique panorama s'étendant de Trim à Drogheda.

« C'est là que saint Patrick alluma le premier feu lors de la fête chrétienne de Pâques, pour défier les célébrations druidiques de Tara. Viens, nous allons remonter le temps. Après les ruines chrétiennes, nous allons nous plonger dans les grands commencements ! » déclara le sage avec un air de délectation.

Ils étaient déjà engagés dans cette fameuse vallée fertile traversant le comté de Meath, la vallée de la Boyne.

Merlin reprit :

« C'est un lieu si chargé d'histoires qu'il n'est pas étonnant de trouver ici les plus anciens monuments de l'Irlande. Dans cette vallée sommeillent, comme dans les îles du Nord du monde, d'énormes pierres. Ce sont les tumuli de Dowth, de Knowth et de New Grange. Les Irlandais nomment cet endroit sacré *Brungh na Bornne,* “la vallée des rois”. »

Merlin caressa les dessins exécutés sur la pierre depuis des siècles.

« Ces spirales sont comme des labyrinthes, elles peuvent te mener à l'Autre Monde, elles sont aussi liées à un chemin qui va par-delà la mer, en Petite Bretagne, retrouver ces autres pierres à Gavrinis et à Locmariaquer. Nous sommes dans le ventre de la déesse-mère. »

Et Merlin continua avec nostalgie :

« Quant à moi, Riwalen, je rabattis mon manteau sur mes épaules, je me saisis de mon bâton pour reprendre mon chemin et accomplir aussi mon destin. Je me mis en route pour la Petite Bretagne et je regagnai cœur battant le bois de Brécilien. Je me devais de retrouver mon élève Morgane, car les rumeurs n'étaient pas bonnes. Aux dernières nouvelles, elle avait quitté les îles d'Orcanie et, après de nombreuses peines de cœur, elle avait trouvé refuge dans le Val Originel. Je m'enfonçai sous le couvert des vieux chênes – ici rien ne semblait avoir changé depuis le commencement du monde. Je fis une halte auprès du cours d'eau et je m'assis sur une pierre – étrange cathèdre minérale portant depuis le nom de *siège de Merlin.* »

Et le sage s'esclaffa :

« Tu sais, Riwalen, on peut me suivre presque à la trace tant j'ai de nombreux sièges en Grande et Petite Bretagne ! Que veux-tu ? Il faut bien prendre un peu de repos pour repartir le cœur léger !

« Tiens, regarde cette colline, car elle pourrait bien échapper à ta vue : il s'agit de Tara, la capitale des rois d'Irlande, là où se tenaient les grandes fêtes religieuses et politiques d'autrefois. Ils venaient se réunir autour du haut roi, celui du Connaught, du Munster, d'Ulster et du Leinster. Tara, la colline où le nouveau roi devait être désigné par la pierre, la *Lias fail*, symbole de fertilité – un des quatre trésors, talisman royal que j'avais rapporté des îles du Nord du monde. Elle se mettait à rugir dès qu'elle avait reconnu le pas du prétendant au trône. »

Et Merlin soupira :

« Désormais, la colline est déserte, reconvertie en pâturages. La mère originelle n'est plus qu'un souvenir grandiose dans le cœur de l'Irlande, embellie par les voix des conteurs, ces *sanachis* qui continuent à sillonner les chemins. Cependant, le génie du lieu est tel que du profond silence, Riwalen, tu peux encore percevoir la rumeur lointaine des festins royaux. Tara évoque à jamais les druides, le roi Cormac, Grainne – sa fille qui s'est enfuie le soir de ses noces avec le guerrier Diarmaid. »

Merlin éclata de rire alors :

« La vie n'est-elle pas drôle quand elle se laisse conter comme une légende ? »

Un court instant, Riwalen crut les voir surgir d'un passé improbable, mais rapidement tout se fondit et s'estompa dans le vert de la campagne environnante. Une petite pluie crépitante vint gommer les perspectives des paysages, et pendant quelques lieues les contraignirent à cheminer têtes baissées.

« Je m'étais arrêté au bord de la rivière, dans les bois de Brécilien ? » demanda Merlin.

Le jeune homme hocha silencieusement la tête en signe d'acquiescement et d'un regard enjoignit au sage de poursuivre son récit.

« Au bord de la petite rivière, je méditais sur le destin du monde et j'eus un sentiment d'impuissance en moi. Les heures du jour s'égrainèrent lentement et je laissai à la rivière le soin d'emporter cette émotion. Je me relevai ainsi serein, prêt à rencontrer Morgane. Sur le sentier forestier, je croisai un ancien chevalier, Meliadus, qui conforta la direction que j'avais choisi de prendre pour me diriger vers l'étang du Pont-Dom-Jean. Dans ce lieu empreint d'ailleurs, je découvris l'antre de mon élève et comment celle-ci avait transformé l'éveil de la connaissance pour le mettre au service de la puissance et du plaisir. Morgane me reçut dans sa forteresse de schiste rouge, vêtue d'une somptueuse robe se mariant à la pierre. »

Le soleil vint enfin réchauffer la terre et laissa se profiler une contrée secrète, pleine de haies et de bois. Ancré parmi de nombreuses collines, verni encore de la pluie se dressait devant eux le château de Trim avec son énorme tour carrée et son peuple de corneilles.

« Trim aurait pu être aussi une des demeures de Morgane, qui sait ? Quand je la vis, je fus consterné par son apparence. Elle portait outrageusement ses vingt ans passés depuis tellement longtemps. Je lui adressai ces paroles douces et lasses à la fois :

“Est-ce là ce que tu as reçu de moi, Morgane ? Poudres et onguents, bave de crapaud et ailes de chauve-souris pour conjurer la course du temps ? Je ne peux lire sur les traits de ton visage le chemin de la vie. Tu te prives d'une beauté bien plus profonde en agissant ainsi. Cette apparente fraîcheur pourrait bien masquer une ruine intérieure. Cette beauté n'a pourtant pas réussi à retenir un seul homme auprès de toi ! Est-ce pour cette raison, Morgane, que tu as choisi de mettre le reste de tes pouvoirs au service d'un enchantement si puissant qu'il retient nombreux des chevaliers d'Arthur ici, sans espoir de retour ?”

« Et Morgane éclata de rire et répliqua :

“Non, Merlin, tu le sais bien, n'as-tu point participé à l'instauration de cette quête ? N'as-tu pas patiemment, année après année, tissé la toile de leurs destins ? Ce que tu vois ici n'est pas de mon fait, c'est le destin du monde sur lequel tu ne cesses de méditer et que tu as la prétention de vouloir changer ! Ces pauvres humains, tous ces hommes partis en quête mais égarés en chemin. Ils sont nombreux, plus nombreux que tu le pensais. Ils s'acharnent à pousser la roue de la vie. Ils entretiennent pieusement la souffrance et le désir, vivant dans la peur que surgisse l'un et que cesse l'autre, attisant la lampe du passé et veillant sur la flamme de l'avenir, mais jamais présents, Merlin, jamais ici et maintenant. Regarde-les comme ils sont heureux – du moins en apparence. Ils sont gouvernés par le plaisir du boire, du manger, de forniquer, et la coupe s'éloigne de leurs lèvres. Seule reste cette soif qu'ils ne peuvent étancher. Pourtant ils boivent, boivent encore et encore, pour finalement se noyer et sombrer.”

« Je répondais à mon élève :

“Tu es amère, Morgane, tu as toujours triché et fui la vie, même pour avoir un fils.

— Ne parle pas ainsi, Merlin. Tu n’es pas le mieux placé pour me donner ce genre de leçon ! Tu ne t’es pas montré très courageux pour exercer ton rôle de père, pourtant tu as eu le choix du roi !”

« Morgane disait la vérité et je me sentis blessé, mais j’acceptai cette douleur, elle balaya tout cela de la main et revint sur les enchantements présumés du val.

“Je ne les tiens pas prisonniers. La belle cage dorée dans laquelle ils se croient enfermés… la porte est ouverte, l’oiseau peut s’envoler. Ce ne sont pas les barreaux qui font la prison, Merlin, c’est le refus de voir, c’est l’ignorance ! Et sache que dans ma demeure séjourne le plus valeureux des chevaliers d’Arthur. Tu n’es pas très doué pour la broderie, Merlin, car ton destin n’est pas d’être une Parque ! Viens, suis-moi.”

« Elle tourna les talons et, dans ce mouvement preste et élégant, sa longue chevelure ondula sur ses épaules. Un court instant je crus à la semblance du plumage d’un oiseau. Sans se tourner elle me lança :

“Oui, Merlin, je suis l’héritière de la Grande Reine, je suis Morrigan, la déesse des champs de bataille, tu avais raison sur ce point-là.”

« Je la suivais dans le dédale des couloirs. Elle seule devait avoir conservé le don de faire jaillir des entrailles de la terre ces innombrables corridors, Guenièvre avait déjà oublié depuis longtemps. Elle me mena dans une cellule sans fenêtres et sans porte. Un beau chevalier, à l’armure blanche souillée, se tenait assis sur le sol comme un enfant, il était absorbé par le choix des couleurs des pastels. À notre entrée, il leva un regard éteint sur nous et replongea dans son dessin.

“Regarde, Merlin, ce que devient la quête. Tu peux lire son parcours dans les fresques exécutées par le soi-disant meilleur chevalier du monde. Lancelot à l’armure blanche a multiplié les exploits et les conquêtes – non pas pour le Graal, mais pour la femme de ton roi ! N’as-tu point d’amertume, Merlin, en voyant cela ? N’es-tu pas revenu dans ce monde pour un roi, un élu ?”

« Alors, je vis sur les murs l’aventure du chevalier et de la reine se dérouler sous mes yeux. De son arrivée à la cour auréolée de jeunesse et de pureté, où Guenièvre lui avait ceint l’épée, leur serment et leur premier baiser au Pont du Secret, en forêt de Brécilien. Je ne voulais pas porter de jugement, d’ailleurs je n’avais pas le même point de vue sur cette histoire. Je tournai le dos à ces dessins et je fis face à Morgane :

“C’est toi qui corromps tout. Guenièvre est l’incarnation de la souveraineté, elle est celle qui donne la royauté à Arthur, mais le roi a besoin de la force guerrière pour protéger la terre. La fonction royale d’Arthur s’arrête là où doit commencer le combat. C’est pourquoi la reine a besoin aussi de la vaillance du chevalier.”

« Je fis face à nouveau aux fresques colorées. Parmi celles-ci, il y avait un portrait grandeur nature de la reine.

“Lancelot ne s’est pas trompé en réalisant ce portrait, elle est la souveraineté, le royaume, la terre. Tu ne sais pas voir, Morgane, tu n’as même pas accompli le premier degré de ton initiation. Je t’avais demandé de commencer par plier ton ego pour le tourner vers une plus noble cause, mais il est encore trop présent et il encombre tout. Arthur a cheminé, même si c’est encore plus douloureux pour lui. Il a déclaré aux chevaliers avant qu'ils ne partent sur le chemin de la quête, que l'épée et la coupe, le roi et la reine, la femme et l'homme ne font qu'un. Et je ne lui ai rien soufflé. Guenièvre est aussi incarnation du Graal. Tu veux l'enfermer dans une image fixe, mais au moins as-tu saisi le noble sens de cette aventure ?"

« Et mon regard se fit perçant et se posa sur son ventre.

"N'as-tu point enfanté, femme ?"

« Je levai les bras et balayai l'air d'un revers de la main.

"Tout cela n'est qu'illusion, le fruit de ton imagination, projection de ton ego !"

« Et les enchantements du val cessèrent tout à coup quand Morgane croisa le regard innocent de Lancelot. Celui-ci ramassa consciencieusement un à un les pastels sur le sol et les rangea dans une petite boîte en fer-blanc. Les autres chevaliers s'éveillaient d'un long sommeil.

"Ces errances vont leur permettre de continuer leur chemin, elles font partie, elles aussi, de la quête. Quant à Lancelot, il va pouvoir accomplir son destin, même si tu crois qu'il a failli au compagnonnage !" »

Les deux hommes continuaient leur chemin et ils avaient opté maintenant pour le sud-ouest de l'Irlande. Ici, les vallons suspendus, secrets que sont les glens, étaient peuplés de petits lacs sombres aux eaux miroitantes. Merlin se pencha sur l'un d'entre eux, tentant désespérément d'interroger la surface, et murmura doucement :

« Que suis-je devenu ? »

Dans ce comté de Wicklow, les landes couvertes de bruyère et la forêt les entouraient de toute part. Alors Merlin entraîna Riwalen au creux d'un vallon solitaire, dans un écrin de sapins qui descendaient en moutonnant vers des ruines d'un romantisme absolu. Autre bout du monde investi ici par la houle immobile des arbres autour des vieilles pierres éparpillées parmi les herbes folles.

« Entends-tu souffler l'esprit, Riwalen ? Nous sommes à Glendalough, l'un des plus grands lieux saints de l'Irlande. Celle des mystiques, des anachorètes, des pères du désert qui sillonnaient les terres à pied en quête de solitude propice à la prière et à la contemplation. »

Ils entrèrent dans l'enclos monastique où subsistaient encore de nombreuses tombes, et Merlin s'allongea dans l'herbe jaunie par les rayons du soleil d'été. Il pensait encore à son élève Morgane.

« Je lui ai dit, Riwalen :

"Tu as été belle, Morgane, mais tu n'as pas laissé cette beauté passer pour en accueillir une autre. Des sillons de la vie tracés sur ton visage, tu aurais pu récolter la graine de la sagesse. Tu as croisé beaucoup d'hommes. Mais aucun n'est resté parce que tu t'es contentée de te repaître du désir allumé dans leurs yeux. Tu n'as jamais croisé véritablement leur regard, tu as simplement admiré ton image dans le reflet de leurs pupilles, petite fille…" »

« Laisse-moi te conter une histoire avant de reprendre le chemin : elle s'est passée il y a bien longtemps : Arthur était encore dans l'ignorance de son destin de roi. Il marchait avec ses guerriers depuis quelques heures dans la forêt, dans des paysages froids et blancs. Le brouillard se levait, Cavall, son chien, allait de l'avant, quand, tout à coup, il se mit à aboyer et revint vers son maître. Dans les volutes de brume se dressait une énorme silhouette. C'était un géant, il venait à leur rencontre pour leur indiquer le chemin.

Dès que la compagnie se fut remise à nouveau en marche pour suivre le rustre, la brume se dissipa et ils se trouvèrent bientôt devant une jolie maison où l'été avait été épargné. Elle était en effet entourée d'une pelouse verdoyante. La porte s'ouvrit et un vieil homme chenu les accueillit. Ils entrèrent dans la maison, au centre de laquelle brûlait le feu. Le géant jeta un morceau de porc dans un chaudron qui se mit à bouillir. Une assemblée des plus étranges se tenait déjà là autour du feu. Il y avait un paysan aux cheveux gris, avec douze yeux miroitant sur la surface de son corps, une jeune fille dont la beauté irradiait comme un soleil, et un énorme bélier au poitrail blanc. Le vieil homme bouscula le géant :

"Mais qu'attends-tu pour servir nos invités ?"

« Le géant bougea sa carcasse mollement, tout en grommelant entre ses dents :

"Je dois toujours donner et je ne reçois rien."

« Cependant, il entreprit de découper la viande de porc. C'est à ce moment-là que le bélier choisit de charger l'assemblée, et s'empara de la viande. Il se mit à manger dans un coin de la chaumière. Arthur et ses compagnons se levèrent pour frapper du plat de leurs épées le bélier. Celui-ci continuait à mâcher bruyamment et de plus belle, tout en ignorant les coups des guerriers. L'homme aux douze yeux, excédé, se leva brusquement et réussit sans la moindre difficulté à écarter le bélier, qu'il jeta dehors. Les invités purent ainsi prendre leur repas dans le calme et la sérénité. Toutefois Arthur et ses compagnons n'étaient pas au bout de leur peine. Ils allèrent se coucher et tombèrent immédiatement dans un profond sommeil. Mais, tour à tour, ils furent réveillés par la jeune fille. Elle était allongée sur une botte de paille. De son corps se dégageait une telle lumière que, l'un après l'autre, les compagnons du roi se mirent à ramper vers elle et voulurent s'étendre auprès de ce radieux soleil.

"Pourquoi viens-tu ? souffla-t-elle. J'ai déjà été tienne, il est trop tard maintenant !"

« Chaque compagnon revint ainsi à sa couche, dépité par la réponse de la jeune fille.

« Au petit matin, quand ils se réveillèrent, la curieuse assemblée avait disparu. Seul restait le vieil homme. Tout en remuant les braises du foyer, il s'adressa aux guerriers :

"Vous êtes sûrement étonnés par ce que vous avez vu dans cette maison. Alors je vais vous en donner la signification : le géant est la paresse, l'homme aux douze yeux est le temps. Le bélier qu'il a jeté au-dehors sans difficulté est le désir – le désir qui cherche toujours à se satisfaire, mais le temps met fin à tout désir. Quant à la jeune fille, vous l'avez tous rencontrée puis abandonnée, vous avez même su son nom. Elle s'appelle la jeunesse. Mais, en accueillant chaque instant de la vie sans jamais rien attendre ou retenir, vous serez dans l'éternité du présent."

« Les guerriers reprirent la route et le vieil homme se mit au bord de celle-ci pour leur faire un signe d'adieu. Lorsque leurs silhouettes commencèrent à disparaître dans la brume, l'homme se mit à crier :

"C'est peut-être cela, le Graal ! Accueillir chaque instant de la vie !"

« Mais ils étaient déjà bien trop loin pour entendre, et la quête n'avait pas encore commencé.

« C'est une histoire aussi à méditer pour toi, Riwalen. »

« Alors Morgane se précipita dans le creux de mes bras comme une enfant qu'elle n'avait jamais cessé d'être, cherchant là quelque réconfort. Elle chuchota tout contre moi :

“J’ai tellement peur, Merlin, de subir l’injure du temps, de vieillir et de mourir.

— Ne t’accroche pas à tous ces miroirs ! Ainsi va la vie, Morgane. Crois-tu être la seule à éprouver cela ? Tu vas devoir maintenant affronter le réveil du dragon.”

« Elle me repoussa violemment, car je n’avais pas abondé dans son sens, cajolé sa douleur, mais je ne voulais pas la conforter dans ses émotions. Elle s’emporta et me jeta au visage les mots suivants :

“N’es-tu point las de te répéter, Merlin ? Je ne suis pas l’élue non plus, la parfaite élève que tu attendais ?”

« Je ne souhaitais pas entrer dans le jeu de la colère et je répondis humblement :

“J’essaye de guider les hommes depuis trop longtemps ; l’heure est venue pour moi de me retirer. Ce monde n’est pas le mien et je dois m’apprêter à retourner d’où je viens. Mais moi non plus, Morgane, je n’échappe pas à la vie qui use et je dois aussi accomplir mon destin.”

« Je laissai Morgane, la terre tremblait, le dragon venait de se réveiller et je m’enfonçai plus profondément dans la forêt. J’étais rassuré car les chevaliers avaient repris le chemin de la quête avec quelques cheveux blancs et des douleurs qu’ils ne connaissaient pas. »

Merlin et Riwalen poursuivirent leur route. Le jeune homme n’osait plus compter le nombre de lieues qu’ils avaient parcourues. Les paysages défilaient au rythme de la parole du sage. Wexford, jolie petite cité marine, et au loin des bouts de roc émergeaient deçà delà. Parmi eux pointaient les lumineuses Satlee Islands, intactes dans leur pureté océane. Le chemin surplombait maintenant d’abruptes falaises frangées d’écume, survolées par une myriade d'oiseaux de mer. Merlin avait ressorti pour la énième fois son vieux paquet de cartes ; il riait à gorge déployée tandis que montait une multitude de cris ricanant, aboyant, miaulant, sifflant, grognant, caquetant. Au-dessus de leurs têtes se dessinait une prodigieuse nuée blanche composée de tourbillons d'ailes incessants. Puis ils prirent la direction du sud profond, celui de Cashel, pour enfin voir se détacher à l'horizon les montagnes douces et bleutées de Galtee où s'ouvrent le merveilleux Glen of Aherlow et les belles grottes de Mitchelstown. Merlin en profita pour revenir sur la quête d'un de ces chevaliers de la Table Ronde. N'était-il pas appelé à devenir le meilleur chevalier du monde ?

« Lancelot cheminait seul dans la forêt, guidé par une faible lueur. Il marchait vers elle et tout son être était tendu vers ce petit point lumineux, perdu dans l'immensité nocturne. Il semblait au chevalier que la nuit n'avait pas de fin. Il arriva enfin auprès de la lumière, elle émanait d'un château en ruine dont les restes semblaient indiquer qu'autrefois il avait été une fière demeure. Une jeune fille l'attendait au seuil du pont-levis et elle se présenta au noble chevalier :

"Je suis Hélène d'Astolat, fille du roi Pellam. Bienvenue au château de Corbénie, nous t'attendions, depuis si longtemps !"

« Lancelot se souvint des paroles que j'avais prophétisées à la Table Ronde ; il se rappela ce roi qui vivait désormais au sein d'une terre dévastée. En sa demeure siégeait le Graal. Cœur battant, il engagea ses pas dans ceux de la jeune fille. Elle le fit entrer dans la grande salle illuminée par des milliers de candélabres. Près de la cheminée où brûlait un grand feu, le roi Pellam se reposait sur un sofa. Malgré la blessure qui béait à son flanc, il fit un effort pour se redresser, saluer le chevalier, et l'invita à prendre place à ses côtés. Lancelot était fasciné par cette blessure et n'osa pas demander de quoi il souffrait depuis tant d'années, depuis que la quête avait commencé. Il garda le silence aussi sur les événements malheureux du château de Corbénie, arrivés par l'ignorance de Balin. Autour de lui se préparait un somptueux repas et il fut invité à prendre place. Dame Brisane, une des suivantes de la jeune Hélène, s'approcha du roi Pellam et murmura quelques mots à son oreille. Le temps de la prophétie était arrivé, elle devait s'accomplir cette nuit : *La venue du fier lion devait engendrer le noble léopard.* Quand le cortège du Graal apparut dans la grande salle, le jeune chevalier ne put supporter l'éclat de la coupe, pourtant masquée par le fin voile de lin blanc. Il cacha son visage, ses yeux sous ses mains, un cri sourd s'échappa de sa bouche. Les rayons radieux du Graal l'éblouirent au point d'en perdre la vue et de tomber à la renverse. À moitié inanimé, il fut porté dans une des chambres du château, étendu sur un somptueux lit. Le roi Pellam le laissa prendre congé tout en déclarant :

"Vous aussi, vous avez une vieille blessure qui ne peut se refermer."

« Et dame Brisane lui fit porter un breuvage afin qu'il soulage sa souffrance et recouvre son esprit. Il s'agissait en fait d'un philtre, un breuvage magique destiné à éveiller l'amour, dont quelques femmes connaissaient encore le secret de la préparation. Plus tard dans la nuit, à demi inconscient, Lancelot vit une silhouette se glisser dans la pièce, puis un visage se pencher au-dessus du sien. Il crut reconnaître dans celui-ci les traits de la maîtresse de son cœur, la reine Guenièvre.

« Tout en murmurant :

“Qu’est cela ? Tu es venue alors à moi ?”

« Il ouvrit l’espace de ses bras pour accueillir la jeune femme. Et il aima profondément celle qui venait de le rejoindre ; il lui donna le meilleur de son être. Au petit matin, l’aube laissa voir la vérité : Hélène d’Astolat reposait paisiblement à ses côtés. Lancelot se réveilla en sursaut, hurlant comme un fou, se lamentant du fait qu’il avait été trompé par quelques artifices. Hélène quitta précipitamment la chambre en sanglotant. Quant au chevalier, il avait déjà pris la fuite sans son armure et son épée, tandis que la terre commençait à refleurir car, dans le ventre d’Hélène, se mettait à grandir celui qui serait le meilleur des meilleurs : Galahad. »

Le temps de ce récit et déjà la ville de Cork embossée sur ses collines au fond de la Lee se profilait.

« Nous arrivons à la capitale du Munster, Riwalen. Si Dublin se voulait romaine, Cork – tu vas le découvrir bientôt – a des allures de vénitienne. »

Riwalen put le constater en parcourant la ville avec cette présence insistante de l’eau, des canaux, des ponts et des pilotis. Mais le sage avait vite repris la route côtière – paysage à la fois rebelle et grandiose. Le bord de mer se festonnait de fleurs rouges et les plages dorées au sable fin ne cessaient de se prélasser sous le soleil de cette fin d’été. La fin du mois de septembre s’annonçait, alors qu’ils avaient traversé les grandes solitudes de l’ouest et rejoignaient l’océan là où il épouse étroitement la montagne, au-delà de Skibbereen.

« À la Table Ronde, Arthur avait sombré dans le désespoir, oubliant la générosité du don. Il s’était enfermé dans la douleur. Guenièvre était partie à la recherche de Lancelot. Sa femme et son meilleur chevalier semblaient l'avoir trahi. Car le roi avait oublié que Guenièvre était l'incarnation de la souveraineté. Elle avait donc besoin de deux forces pour la protéger : celle passive d'Arthur, garante de l'équilibre du monde, et celle active du chevalier Lancelot. La Table Ronde était dans les ténèbres, l'œil s'était fermé et la voix des ancêtres s'était tue. Les chevaliers poursuivaient leur quête sans savoir que l'espoir était en train de refleurir dans l'Autre Monde. Mais, dans ce monde, les récoltes continuaient à ne rien donner, les enfants mouraient dans le ventre de leurs mères. Bandits, mendiants et lépreux hantaient les chemins. Arthur était accablé, les coudes posés sur la table, la tête entre les mains et le corps recroquevillé par le chagrin. Sa chevelure se faisait blanche comme la neige et le visage lisse de la jeunesse avait laissé place à un masque dessinant un horrible rictus. Ma voix se fit entendre dans la grande salle, là où Arthur était seul depuis le départ de ses chevaliers pour la quête :

"As-tu déjà oublié tes erreurs de jeunesse, ô Roi ? Quand tu as voulu affronter Pellinore, il y a quelques printemps de cela, tu as su pourtant exprimer pourquoi l'épée s'était brisée !

— Je ne sais pas t'écouter, Merlin, une fois de plus je cède sous l'emprise de mon ego. A-t-elle quitté la cour pour le rejoindre ? Sont-ils ensemble, Merlin ?

— Oui, je ne peux te dire que la vérité car elle est nécessaire, Arthur. Souviens-toi : ton règne ne doit durer qu'une saison. Guenièvre est l'incarnation de la souveraineté, dans l'ombre du roi se tient toujours un autre homme. Laisse aller ton chagrin, il va te traverser et le torrent de cette rivière irriguera ta terre et elle refleurira comme celle du roi Pellam.

— Le désir, voilà ce qui nous tue tous et pourtant il nous maintient en vie.

— Le désir n'est pas le coupable, Arthur, il faut simplement cesser de croire que tu pourras un jour satisfaire ces désirs de ce monde, de même que ton pauvre ego. Il faut les remettre à leur juste place, et c'est le chemin de toute une vie." »

« Vois le chemin de toute une vie, Riwalen, dans ces paysages que nous traversons ! Ils sont accidentés, déchiquetés. Les péninsules de Beara, Iveragh et Dingle sont les joyaux de l'Irlande et le pays de la vieille magie. Ici on continue à construire des *currachs*, embarcations de bois recouvertes de peaux de bœuf graissées. Ce bateau est le symbole du voyage que nous devons tous accomplir de l'extérieur vers l'intérieur. Peu à peu, tout désir doit se détacher et nous quitter comme un manteau qui glisse des épaules. Souviens-toi de l'aventure du jeune Arthur et de ses guerriers accueillis dans cette étrange cabane. Seule reste l'authentique soif de la petite goutte d'eau voulant rejoindre le grand océan. »

Merlin fit une pause, puis déclara :

« Arthur avait bien vieilli et la dernière bataille s'annonçait. Tout était dit dans ces quelques mots :

"Mordred a conclu un pacte avec l'ennemi.

— Je sais, Arthur, et les chevaliers sont déjà sur le chemin du retour. Ils sont prêts pour l'ultime combat. Lancelot sera des nôtres, ainsi que son fils Galahad. Il est le meilleur chevalier du monde et la fin des enchantements approche. Mais chaque chose en son temps, Arthur."

« Il soupira :

“Oui, chaque chose en son temps. Et c’est pourquoi il faut se tenir prêt un jour à assumer les conséquences de ses actes.

— Oui, la roue du destin t’enseigne cela, ou plutôt à satisfaire tout désir et surtout à voir où ils nous mènent.” »

« Quant à nous, le chemin nous mène maintenant vers le Burren et ses formidables falaises de Moher, désert minéral de karst vêtu d’une insolite parure alpine de gentianes et d’orchidées. »

Les deux hommes avançaient dans cette solitude minérale qu’égayaient çà et là des mégalithes. Ce paysage était propice à la réflexion car Merlin fit la remarque suivante :

« C’est drôle, Riwalen, comme les situations peuvent se répéter inlassablement tant que nous n’en avons pas saisi le sens profond. Elles sont là pour nous faire avancer et nous détacher. Les compagnons étaient revenus à la Table Ronde, il s’agissait de l’ultime rendez-vous. Arthur avait fait l’effort de se redresser pour accueillir ses valeureux guerriers. Bien sûr, nombre manquaient à l’appel : certains étaient morts de vieillesse, d’épuisement, ou d’autres encore avaient renoncé à la noble quête. Lorsque chaque chevalier occupa sa juste place, la table se modifia et accomplit une magnifique opération de réajustement, seul restait inoccupé à la droite d’Arthur ce fameux siège périlleux. La table prit à nouveau imperceptiblement la forme d’un œil et le roi put percevoir à son grand soulagement le murmure des anciens dieux. Les chevaliers quant à eux attendaient dans le silence car un nouveau prodige se laissait deviner. Arthur sortit de son fourreau la lame vacillante d’Excalibur et, dans un seul et même mouvement, les épées des compagnons vinrent rejoindre la lame maîtresse, formant une roue au-dessus de la rotondité de la table. La merveille s'avança sous l'aspect d'un chevalier. La cour suspendit son souffle à la vue du jeune homme car ils crurent revivre un court instant l'arrivée de Lancelot. Mais celui-ci était pur de corps et d'esprit. Sa ressemblance avec le chevalier aux blanches armes était au-delà des apparences, car il était bien le fils de Lancelot et d'Hélène d'Astolat, fille du roi Pellam, gardien du Graal en son château de Corbénie. Galahad invita le roi et ses compagnons à le suivre hors de la forteresse, il les entraîna sur le parvis de la cathédrale et le prodige se manifesta une nouvelle fois. Une épée fichée dans une pierre de marbre rouge apparut, et, sous le regard du compagnonnage, Galahad extirpa l'épée de ce perron flamboyant. Dans le silence le plus absolu, Galahad entraîna à nouveau le cortège royal à la Table Ronde et il prit place à la droite d'Arthur car son nom venait de s'inscrire en lettres de feu sur le dossier du siège. Au loin, les cloches de la cathédrale se mirent à sonner à toute volée. Désormais la quête du Graal se trouvait en bonne voie. »

Merlin et Riwalen étaient arrivés sur les rives du Shannon.

« Voici le Shannon. À l'est c'est le Leinster et à l'ouest le Connaught et, au bout, le fleuve irrigue les plaines centrales des Midlands : il vient mourir entre Kerry Head et Loop Head, à la rencontre de l'océan crêté de blanc. »

Un sourire vint à flotter sur le visage du sage.

« À Winchester aussi vint à se former un fleuve en contrebas du parvis de la cathédrale. Sur ce cours d'eau venu sans nul doute de l'Autre Monde, attendait une nef merveilleuse. Une jeune fille était à son bord, elle se prénommait Vérité et elle invita quatre des chevaliers de la Table

Ronde – Bohort, Perceval, Lancelot et Galahad – à monter dans la noble embarcation. Ils devaient faire voile vers la cité d'orient de Sarras, où le Graal avait maintenant pris sa place. Longtemps, la nef resta à quai car Lancelot et Galahad – le père et le fils – avaient de nombreuses choses à se dire et ce fut un temps béni pour la reconnaissance et l'accomplissement. Enfin, Lancelot quitta la magnifique embarcation pour rejoindre Arthur et les autres chevaliers firent voile vers l'orient. Quant à nous, si nous remontons ce fleuve du Shannon, nous arrivons à Clonmacnoise. Nous ne pouvons manquer cette étape car deux tours rondes font office de sentinelles. Elles sont gris cendre parmi le vert éclatant s'étendant à perte de vue, là où se façonne encore la forêt primordiale et où la tourbe reprend ses droits. Au large des côtes, se trouve un monde primitif oublié, d'une pureté et d'une dureté absolue, Riwalen. Ce sont les îles d'Aran. Les pleurs que tu entends ce sont ceux des chevaliers Bohort, Perceval et Galahad, car la jeune fille qui les accompagnait s'est éteinte à bord de la précieuse nef. Ces lamentations résonnent dans le hululement du vent, elles font écho au *keen*, ces cris de douleur issus du fond des âges, du désespoir des anciennes divinités celtiques. Elles ont été reprises par les femmes des marins, elles vont comme la rumeur des vagues dans un va-et-vient sauvage pour se briser contre les rochers. Elles réclament les corps de leurs hommes disparus. Tu imagines, Riwalen, quelle traversée étrange cela a pu être ? Ils ont vogué dans le ventre de la mère se tenant sur le bord du monde à mi-chemin entre les rivages de la vie et de la mort. Avant de partir, la jeune fille avait remis à Galahad une épée forgée par Salomon, au cas où l'épée extraite du perron de marbre viendrait à se briser ! Elle était destinée au meilleur chevalier du monde. Elle était entièrement gravée en glyphe rouge sang sur la lame. Galahad put ainsi y lire l'inscription suivante : *Je suis belle à voir, plus merveilleuse à connaître, car nul ne peut m'empoigner, si grande que fût sa main, hormis celui à qui je suis destinée. N'aie point de hâte pour me tirer du fourreau si tu ne connais pas encore les méandres de ton être.* Quant au pommeau, il était un véritable joyau. Composé d'une seule pierre, celle-ci chatoyait sous la lumière et contenait ainsi toutes les couleurs de la terre. La poignée était finement ouvragée et deux animaux avaient été sculptés : un poisson et un serpent. Enfin, les attaches de celle-ci étaient des plus étranges, car elles avaient été confectionnées avec ses propres cheveux. »

La sculpture du pommeau de l'épée plongea Merlin dans un abîme de pensées. Son serpent argenté gisait au fond de sa poche et il n'avait trouvé personne à Fort Williams pour le réparer. Les artisans se faisaient rares et le reptile désespérait de ne pas rejoindre le poignet de son maître.

« Nous voilà au Connemara, Riwalen, et notre tour de la précieuse Érin, la verte Irlande, touche à sa fin. Neuf lettres magiques comme les neuf incantations que ma petite sauvageonne essaye de m'extirper selon la légende – mais ce n'est qu'une légende, Riwalen ! Car je me demande si elle en a vraiment le besoin ? Tu vois, ce cheminement me fait devenir sentimental et me rend même un brin nostalgique ! La vie éternelle s'éloigne de moi, il me faut donc me laisser porter par la beauté de ces paysages, cette paisible dégringolade des montagnes d'émeraude, ces lacs, ces torrents vifs où saute le saumon de la connaissance, et ces feux de tourbe qui brûlent éternellement. Nous pouvons encore parcourir des milles et des milles sans rencontrer âme qui vive. Les multitudes qui s'y engouffrent s'y diluent et disparaissent par magie. C'est une porte par laquelle nous allons pouvoir effectuer notre retour, Riwalen. Car la prochaine Samain arrive déjà et la porte va s'ouvrir à nouveau. Encore quelques jours à patienter avant que n'arrive la fin de ce mois d'octobre. Je te propose de finir par l'Ulster avant de nous en retourner dans les bois de ma petite sauvageonne. La capitale de l'Ulster s'appelait autrefois "Emain Macha" et tu peux encore contempler ses ruines non loin d'Armagh. Ses rois ont légué les plus brillants récits des cycles épiques de l'Irlande : celui de la Branche Rouge, qui conte les exploits de Cûchulainn, l'Achille ulstérien, les aventures de l'indomptable reine Maeve et les douleurs pathétiques de Deirdre. Oui, cette province a été belle, mais je ne peux tout te dire. »

Ils continuèrent au nord sur la côte profondément échancrée, faite de granit rouge.

« J'aime la pierre rouge ! déclara Merlin en se souriant à lui-même. Ici c'est de la craie et en Petite Bretagne c'est du schiste. Je t'emmène là où elle atteint son paroxysme, dans des colonnes spectaculaires nommées à juste titre la "Chaussée des Géants". »

C'est de cet endroit que les deux hommes firent leur adieu à l'Irlande, à moins que ce ne soit un au revoir. Ils le firent dans le recueillement et dans le chant de la mer. Dans une complainte lancinante et murmurant toujours la même chose, celle disant la mémoire et l'âme du peuple d'Irlande, la liberté perdue et retrouvée, ses héros, ceux qui sont partis et ceux qui sont restés et le rêve qui n'en finit pas de passer.

UNE AUTRE SAMAIN[1] ?

Riwalen et Merlin étaient de retour dans les bois de Brécilien ; le sage prit immédiatement le chemin qui menait au cœur de la forêt, à la fontaine de Barenton.

« C'est là-bas que je l'ai rencontrée pour la première fois, ma petite sauvageonne. Je l'appelle comme cela, Riwalen, car elle a poussé dans ces bois. Dyonas, son père, attendait un garçon et elle fut élevée comme tel avec en plus la liberté, beaucoup trop de liberté ! Pour sûr, elle n'avait pas l'allure d'une princesse, mais d'un petit animal farouche, courant dans la lande, pêchant à mains nues dans les étangs. Elle dormait quelques fois sur les hauteurs du Val, là où s'étendent à perte de vue les landes de Gurwan. Elle dormait là, dans ce coffre de pierre. Certains lui ont donné le nom d'"hôtié" ou "maison de Viviane".

1. Les mois se sont-ils écoulés vraiment pour arriver à une nouvelle Samain ? Ou bien Merlin a-t-il fait voyager Riwalen d'une tout autre manière en utilisant la magie ? Les Celtes divisaient leur année en deux moitiés. Samain marquait le commencement de la saison sombre, de l'hiver et il s'agissait du nouvel an. Beltaine marquait le commencement de la saison claire, la porte de l'été. La moitié sombre et la moitié claire étaient elles-mêmes divisées en deux par Imbolc au mois de février et Lugnasadh au mois d'août. Le temps était vu comme une roue.

“À faire les jambes longues, disaient les villageoises, elle finira bien par attraper quelque chose au fond du bois !”

« Nous étions au mois de juin, elle avait pour rituel de rendre visite à la fontaine de Barenton, celle qui rit de mille bulles. Elle jouait à se mirer dans l’onde fraîche, à interroger son reflet et les grands arbres. C’est elle qui m’a appris cette danse cosmique dont mon dragon raffole. C’est là que je l’ai vue exécuter avec une grâce infinie cette succession de mouvements retraçant la création du monde. Je la revois encore dans ce petit matin où le soleil jouait à cache-cache entre les cimes des arbres. Elle était vêtue d’une légère tunique verte et ses longs cheveux dorés étaient ramenés dans un gros chignon au sommet de son crâne. Elle se tenait debout, pieds nus, campée fermement dans le sol. La terre de Brécilien et elle se mirent à entonner un chant – un hommage à l’astre du jour – tout en exécutant une série de douze mouvements fluides et rayonnants comme celui qui était au-dessus et commençait à déployer ses rayons. »

Merlin s’était avancé près de la fontaine et il avait pris place sur la grosse pierre ; Riwalen vint s’asseoir au côté du sage.

« Je suis venu à elle dans cette clairière sacrée parce que ce jour-là j’avais perdu le chemin. J’avais besoin d’un guide, Riwalen, aussi surprenant que cela puisse être. Merlin l’Enchanteur, l’arpenteur du grand temps, s’était égaré. Alors, j’ai pris place comme aujourd’hui sur cette pierre – désormais appelée “perron de Merlin”. Elle s’est assise à mes côtés et m’a donné quelques indications sur le bois de Brécilien, dont elle connaissait parfaitement la géographie malicieuse. Elle a su tout de suite que nous nous étions trouvés, depuis le temps qu’elle m’attendait, depuis le temps que je voyageais. Dans la splendeur de l'été naissant, elle s'est étendue dans l'herbe verte après s'être baignée dans la fontaine. Sous la caresse des rayons du soleil, elle s'est endormie comme une enfant qu'elle était encore. Confiante et rassurée par ma présence, chêne fort et robuste que je semblais être. Je la contemplais dans son sommeil, complètement abandonnée au souffle de la vie et je m'amusais de quelques tours que j'avais oubliés depuis la nuit des temps. Cette magie surgit de l'émerveillement. Moi aussi, Riwalen, je redevenais adolescent. Je faisais naître ainsi sur ses yeux clos deux marguerites au cœur jaune comme le soleil, et sur sa bouche délicate une rose. J'effaçais promptement ces quelques fleurs car elle n'avait besoin d'aucun artifice et je sus qu'elle allait être mon chemin et mon destin. Je la revois encore en train de s'étirer comme un chat, venant se lover contre moi et me murmurer :

"Merlin, apprends-moi quelques tours, tu sais tellement de choses ! Et j'ai bien vu dans mon sommeil ce que tu étais en train de faire naître ! Mais la fleur pousse là où tu t'attends le moins, Merlin ! La rose est en train d'éclore dans ton être.

— Je suis un enchanteur, Viviane, je crée ces choses le temps que les gens leur accordent de l'importance, mais cela ne dure jamais très longtemps. Ce ne sont pas des tours, mais l'illusion, Viviane."

« Alors elle se redressa subitement sur ses deux longues jambes et se mit à bondir, trépigner, sautiller autour de moi.

"Alors raconte ton chemin, Merlin !"

« Je me relevai doucement et je vins poser mes mains sur ses frêles épaules. Je pus ressentir en elle la puissance de la course dans les bois, du gibier traqué, l'énergie de vie.

“J’ai une petite cabane dans la forêt ; je l’appelle esplumoir. Dans celle-ci, parmi mes nombreux objets, il y a une malle, elle contient le récit de mes voyages. Si tu veux, plus tard, j’ouvrirai cette malle et je te raconterai…”

« Viviane fit la moue, elle était dans l’instant et l’immédiateté. Pour détourner son attention, je repris :

“Quant aux tours, comme tu les nommes, tu les sais déjà. Il suffit de te souvenir, nous sommes pareils : je suis un enchanteur et toi, une fée.

— Une fée, Merlin ? Mais qu’est-ce donc ?”

« Elle avait le don de poser les bonnes questions, celles qui vous laissent sans voix et bien sûr sans réponse. Je commençai à marcher et, dans un geste évasif, je lui dis :

“Tu as bien le temps de savoir !”

« Mais pour satisfaire aux premières demandes de la fée, je lui créais un jardin de joie. Car, si elle était une sauvageonne, elle aimait bien croire et jouer de temps en temps à être princesse. Le temps s’était écoulé et à regret le soleil allait déjà se coucher. Dans l’ombre qui s’avançait dans la clairière sacrée de Barenton, je lui déclarai :

“Je dois m’en aller, mais je reviendrai goûter à la quiétude de ces bois. Quelque chose m’enchante en ces lieux, mais je ne saurais dire quoi…”

« Viviane fit un pas vers moi et essaya de capter mon regard, elle m’interrogea avec un brin d’impatience dans le ton de sa voix :

“Quand reviendras-tu, Merlin ?

— Dans une saison, Niv, tu verras ce n’est pas si long !”

« Ainsi, pour chaque solstice d’été, je la retrouvais dans les bois de Brécilien, dans la clairière sacrée de Barenton. Je faisais tout ce que faisaient les bons enchanteurs – et il y en avait très peu, je crois même être resté le seul d’ailleurs, car j'avais conçu un roi, créé une table ronde, lancé une noble quête et je n'avais pas répugné à réveiller quelques fois le dragon. Je passais mon temps à faire des allées et venues entre Grande et Petite Bretagne. »

Merlin sourit et confia la suite au jeune homme :

« J'avais déclaré à Arthur lorsqu'il avait accédé à la fonction royale :

“Je veux bien être ton conseiller – et même ton ami –, mais de temps en temps je m'en irai. Ne cherche pas à savoir où je suis.”

« Arthur pensait à une retraite sérieuse, à un endroit secret où je me consacrais à parfaire mes talents de magicien. En fait, je fuyais la cour et son cortège d'obligations. Je m'éloignais du monde civilisé pour retrouver le sauvage dans le bois, auprès de Viviane. Je me pose aujourd'hui la question parmi tous ces rôles que j'avais endossés, lequel n'a pas été vain ? J'ai été un piètre père, me défilant de mes responsabilités, revendiquant comme excuse celle d'être avant tout un faiseur de rois. Qu'ai-je fait finalement tout au long de ce chemin ? Le temps des enchantements touchait à sa fin. Galahad avait abordé la cité de Sarras sans encombre, il s'était dirigé vers le calice sacré dans une foi fortifiée. Il avait soulevé le voile des apparences et contemplé les mystères de ce monde. Ce qu'il vit, je ne peux te le révéler ici, Riwalen, tu dois toi aussi faire ton propre chemin, mais il se manifesta à lui l'indicible. Son corps de chair se mit alors à trembler et il quitta ce monde. La terre se remit à fleurir ; le roi Pellam se leva de sa couche et au fronton de l'église de Tréhorenteuc apparut la petite dédicace suivante : *la porte est au-dedans*. La lumière revint inonder la grande salle où trônait la Table Ronde. Elle reprit imperceptiblement la forme d'un œil. La voix des anciens dieux se fit entendre et, chose encore plus extraordinaire, elle se mit à tourner sur son axe invincible, vide ; elle tournait comme le monde qu'elle était. Tout était parfait, ce qui était en haut comme ce qui était en bas. Arthur s'était levé de son siège, surpris et émerveillé par un tel prodige. Il avait quitté le masque figé, cette ombre qui lui gâchait les traits, et son visage se révélait dans la beauté de la maturité, prêt à aborder paisiblement le rivage de la vieillesse. Il me confia mentalement ces quelques phrases :

"Toutes ces valeurs ne seront pas oubliées, je ne suis peut-être pas l'élu, Merlin, mais je suis le roi qui fut et qui sera. Je suis le roi de demain, une légende en devenir. C'est pourquoi je dois reprendre une dernière fois les armes."

« Il s'était paré de son armure, étincelante comme la fidèle Excalibur. Il m'avait appelé dans le secret de son cœur, réclamait le père qui lui avait toujours manqué et dans l'absurdité de cet ultime combat, c'est son fils qu'il devait affronter. Je lui étais apparu, j'étais toujours vivant mais d'une tout autre manière : j'étais devenu son maître, celui qui résidait dans la caverne de son cœur et qui le remplissait d'un amour incommensurable. Et Arthur eut la conviction, après toutes ces épreuves ou expériences, que j'avais toujours été à ses côtés, qu'il n'avait peut-être pas su tout le temps voir cette présence, aveuglé par ses propres peurs. Il devait voir aujourd'hui plus qu'un autre jour, car le brouillard s'était levé sur la plaine de Salisbury – à moins que ce ne soit le souffle du dragon, celui qui avait brûlé Morgane dans le creux du Val Originel de Brécilien. J'entends encore la voix de Mordred hurler dans les ténèbres, réclamant à la terre entière :

"Tu m'avais promis la puissance de l'épée, la royauté !"

« La compagnie des vaillants chevaliers de la Table Ronde se forma une dernière fois sous cet aspect-là, pour affronter le maître du chaos, le fils incestueux du roi. Mordred s'était acoquiné avec l'ennemi ancestral, ces fameux Saxons qui menaçaient des décennies auparavant les limes d'Uther Pendragon. »

Merlin soupira et regarda droit dans les yeux le jeune homme assis près de la fontaine :

« Ce fut une grande bataille, bien pire que celle que j'avais menée avec les Démètes sur la plaine d'Arderydd, au nord de Carlisle, à la frontière entre l'Écosse et l'Angleterre.

« Lancelot était revenu et nombreux furent les ennemis qui passèrent au fil de son épée. Les vieilles rancunes d'autrefois étaient pardonnées, le compagnonnage était uni et frappait d'un seul corps. Mais le temps n'épargne personne et les compagnons finirent par tomber un à un sur le champ de bataille – une victoire à l'accent pathétique puisqu'elle ne laissait quasiment aucun survivant. Dans le ciel orangé du soleil qui commençait à poindre, Mordred attendait son père pour le duel final. Arthur lui asséna une blessure mortelle, mais lui aussi reçut un coup de lance qui lui fut fatal. Il pensa en un éclair au roi Pellam, et cette blessure qu'il venait de recevoir fut pour lui un soulagement. Il constata qu'elle avait toujours été là, que tout au long de sa vie elle avait bâillé sourdement. La vie s'écoulait de son flanc et il en ressentait une douce délivrance. Il se rappela tout à coup la promesse solennelle qu'il avait faite à la Dame du Lac, lorsqu'il avait cru briser l'espoir en perdant son épée de souveraineté. À la place, il avait reçu Excalibur, Claimh Solais, l'épée des rois. Elle devait retourner dans le lac le plus proche car elle était issue de ces profondeurs, et rejoindre sûrement les îles du Nord du monde. Alors Arthur demanda à Bohort d'aller jeter l'épée dans le lac le plus proche. Le chevalier reçut cérémonieusement l'épée de son souverain, mais lorsqu'il fut au bord du lac, il se mit à douter. L'épée scintillait de mille feux, elle se mettait une fois de plus à révéler sa puissance. Alors une pensée s'insinua dans le crâne de Bohort, elle lui murmurait qu'elle pourrait servir d'autres rois et pourquoi pas un chevalier. Il revint auprès d'Arthur. Dans son agonie, le roi savait ce qui devait se passer et attendait la révélation de Bohort comme l'ultime délivrance. Mais le chevalier se lamenta et lui déclara qu'il n'avait rien vu.

"Ou tu ne sais pas voir, et tu n'es pas digne d'être compagnon de la Table Ronde, ou tu n'as pas respecté mes paroles, Bohort !"

« Après avoir jeté son fourreau et être revenu une seconde fois auprès d'Arthur, le chevalier avait déclenché la fureur du roi. Il n'était pas bon pour son âme qu'il s'apprête à quitter les rivages de ce monde dans cet état de colère. Alors la troisième fois, Bohort s'approcha du lac qui avait grossi et devenait fleuve, un cours d'eau immense qui s'enflait, irriguant la terre et ouvrant la voie vers l'île des bienheureux. Bohort exécuta un mouvement à se déboîter l'épaule et propulsa l'épée dans les airs. Au moment où elle allait atteindre la surface de l'eau, le temps s'étira et sembla s'arrêter. Dans un ralenti, le chevalier vit une main blanche de femme sortir de sous les eaux, se saisir du pommeau d'Excalibur, la brandir pour la ramener enfin dans le monde du dessous. Lorsque sa vue accéda à cette révélation, Bohort fit demi-tour et courut à perdre haleine afin de rejoindre son roi. Il voulait lui conter le prodige dont il avait été le témoin – car c'est ce qu'il avait été durant toute cette aventure depuis la création du compagnonnage, en passant par la quête du Graal, jusqu'à ce magnifique dénouement. Mais, lorsqu'il arriva sur le champ de bataille, il fut saisi par l'horreur de la guerre. Il s'était mis à pleuvoir – d'abord une petite pluie fine, crépitant, et de plus en plus abondante, une pluie glacée qui engourdissait ses membres. Ce n'était que lambeaux de chair, sang et boue. Des corbeaux avaient déjà entamé leur infâme festin. Derrière un rideau de gouttes d'eau, Bohort vit alors une barque tendue de soie noire quitter ce lieu de désolation. Il crut distinguer trois silhouettes de femmes à son bord : il s'agissait de Morgane, de la Dame du Lac et d'Ygraine. Elles étaient venues le chercher pour l'emporter vers l'île d'Avalon, terre de l'éternelle jeunesse. La frêle embarcation avait vogué avec le corps du souverain allongé dans son ventre. J'étais déjà sur le rivage d'Avalon, je les attendais pour la dernière initiation d'Arthur, celle du passage. Quand ils arrivèrent, je vis Arthur gisant au fond de la barque. Il était recroquevillé en position fœtale. Plus que la mort qui était en train de jeter son voile sur le roi, Arthur souffrait des tourments de sa vie qui agitaient son esprit. Il devait avoir commencé le voyage, la fièvre s'était emparée de lui. Il se voyait retourner au commencement de son temps et tous les moments qu'il avait crus si importants défilaient sous ses paupières closes. Tel était le songe troublé du roi, mêlé aux souvenirs de son existence jusqu'à cette terrible bataille de Salisbury où Mordred lui avait infligé la blessure finale. Arthur voyait la plaine recouverte de corbeaux et il entendit le chant de lamentations des femmes, pleurant leurs maris, leurs pères et leurs fils. En proie à ce délire, Arthur invoqua sa demi-sœur Morgane – celle qui fut la sorcière guerrière à la terrible beauté – pour le réconforter au plus profond de cette solitude et de ce rêve funeste. Morgane avait répondu à l'appel ; elle était auprès de lui. Elle passa délicatement une main sur son front. Je crus distinguer dans l'obscurité qui venait de tomber une aile bleue sous la lune argentée. Alors je me souvins que, sur le chemin, elle avait été ma première élève avant d'être la femme qui offrait plaisir et réconfort aux courageux guerriers. Je sus aussi à cet instant qu'elle serait reine de l'Autre Monde à tout jamais et que je l'avais perdue. Penchée au-dessus d'Arthur, elle le consolait des supplices infligés à son âme. En abordant l'île, les trois femmes avaient déplacé le corps sous une tente où elles avaient commencé à faire brûler de l'encens et à entonner des chants d'Avalon. Morgane avait composé un onguent souverain afin de refermer tant bien que mal l'horrible blessure de sa hanche. Je m'étais approché de Morgane et je lui avais murmuré :

"Ainsi tu as survécu au réveil du dragon ? Si tes pouvoirs sont aussi grands que Merlin, ramène-le donc à la vie !"

« La fée se tourna vers moi et j'entendis ses paroles résonner dans ma tête :

"Tu sais très bien, Merlin, que ce n'est pas son destin."

« Elle se détourna de moi pour envelopper sa hanche d'un cataplasme de joncs calcinés et, après cela, la blessure fut cicatrisée. Pendant qu'Arthur gisait inanimé, proche de la mort, les trois femmes – Morgane, la Dame du Lac et Ygraine – se postèrent à la tête du roi. Elles avaient allumé chacune un cierge de cire verte et commencèrent des incantations. Ygraine priait le dieu des Morts, et la Dame du Lac invoquait les esprits des profondeurs. Alors le dieu des Morts se présenta sous la tente royale et il unit ses pouvoirs aux sortilèges d'Ygraine. Il frotta de craie le corps d'Arthur. Son corps était inerte et sa chevelure fut enduite de chaux. Son corps se mit à se tordre de douleur et à convulser. Apparut au-dessus de lui la roue de son initiation, composée du cerf, du sanglier, du saumon et du faucon. Elle tournoya rapidement, puis, quand elle se mit à ralentir, les animaux furent remplacés par un vieillard poussant un de ses rayons. Il me semblait entendre au loin le cri de l'ours. J'avais préparé une coupe emplie de tendre guède bleue ; j'avais travaillé la plante magique afin qu'elle devienne fluide entre mes doigts. Quand elle fut prête, j'entrepris d'inscrire des oghams protecteurs sur le corps froid et livide d'Arthur. Il poussa un soupir, son esprit se libéra et une pluie d'étoiles s'éleva vers le faîte de la tente pour la traverser et rejoindre l'immensité. Son âme venait de quitter ce monde et de commencer son périple hors du temps et de la vie. Nous commençâmes alors la veillée car la craie blanche s'amollissait et s'écoulait, charriant avec elle les entraves de l'ultime voyage. Je m'approchai du corps roidi d'Arthur et je lui murmurai à l'oreille :

"Je suis Merlin, ton père, ton maître, tu vas me suivre dans ces rêves noirs, tu vas marcher dans les champs obscurs de la nuit et fouler les étoiles du ciel, mais bientôt tu verras la lumière, plus lumineuse que cent soleils. Souviens-toi de ce que je t'ai dit, je serai toujours à tes côtés, mais d'une autre manière."

« Je me redressai et m'apprêtai à quitter la tente. Je me tournai alors pour prendre congé des trois femmes. Sans le moindre regard pour moi, Morgane déclara :

"Je vais le veiller le nombre de lunes qu'il faudra car, je sais, un jour il se réveillera."

« Arthur n'est pas mort, Riwalen, il dort profondément au cœur d'Avalon. »

« Je suis retourné alors dans le bois de Brécilien, Viviane ne semblait pas avoir bougé de place. Elle était accroupie près de la fontaine et, à l'aide de quelques morceaux de bois de coudrier, elle avait tracé sur le sol un mot qui semblait la plonger dans un grand ravissement. Je m'approchai d'elle le plus discrètement possible pour y lire par-dessus son épaule, la phrase secrète. Elle se détachait sur l'humus de Brécilien, sur un tas de feuilles d'automne, pour prédire la destinée – car c'est là un travail de fée. Je pus y lire ces quelques mots : *C'est ainsi*. Ils me firent plus d'effet qu'une claque sur mon vieux visage. Sans se tourner, elle me demanda :

"Les choses ne se sont pas déroulées telles que tu l'espérais, Merlin ?"

« Je me posai alors une question : lui avais-je manqué ? Elle ne m'avait pas fait de fête, ni même sauté au cou, cependant j'avais bien dû m'absenter douze lunes, puisque un autre solstice d'été s'était présenté sous la clairière sacrée. Son intonation de voix semblait même narquoise, se moquait-elle de moi ? Je lui répondis avec un brin de lassitude dans la mienne :

"Les affaires de ce monde ont mal tourné. Viens, allons dans l'esplumoir."

« Le temps de lui tendre la main, de saisir sa petite menotte dans la mienne et nous étions au plus profond de Brécilien devant mon antre secrète. J'entrai dans ma cabane sans me soucier tout à coup de ce qu'était devenue Viviane. Je me retrouvais en sécurité parmi mes objets familiers, ces livres et ces lourds codex, ce cher capharnaüm composé de plumes d'oie et de corneille fichées dans des verres de cristal, des récipients de délicates terres cuites contenant de l'encre faite de noix de galle et d'écorce de chêne. Des chandelles, des lampes à huile, des sabliers, des roches et des minéraux étaient déposés çà et là. Dans cette multitude d'objets insolites, sur des étagères poussiéreuses – témoignant de ma curiosité insatiable et de mes nombreuses allées et venues –, je trouvais un peu de paix qui ne durait jamais très longtemps. Et puis il y avait mon bijou – ce serpent à faire réparer – et cette malle qui restait fermée. C'est alors que je me souvins : Viviane devait me suivre, m'accompagner jusqu'à l'esplumoir. Je sortis sur le pas de la porte et je la vis dans la même position, accroupie. Elle avait visiblement apporté avec elle ses morceaux de noisetier et tenté de reformuler la même inscription sur le seuil. Elle éclata d'un rire nerveux et me dit :

"C'est drôle, je n'y arrive pas ici !"

« Je lui enjoignis alors de ne pas rester dehors et de venir à l'intérieur où j'allais faire un bon feu :

"Puis-je vraiment entrer, Merlin ? Y a-t-il de la place pour deux dans ton antre ?

— Mais bien sûr, Viviane ! Blaise a vécu des années ici et il a patiemment consigné dans des livres mes récits de voyages.

— Et où est-il maintenant ? Et ces récits ?

— Blaise est parti, il a probablement rejoint son Dieu au ciel. Quant aux récits, ils sont dans la malle que tu vois là.

— Montre-les-moi, Merlin, s'il te plaît."

« Elle semblait tout à coup surexcitée et battait des mains, sautillant autour de moi.

"Non, Viviane. La nuit est en train de tomber et je ne pourrai te lire aujourd'hui cette écriture fantaisiste que Blaise utilisait pour rédiger mes voyages. Une autre fois.

— Peut-être, murmura pour elle Viviane.”

« Elle s'était assise sur un petit tabouret, les jambes repliées sous elle. Dans cette attitude, elle avait quelque chose du petit oiseau se tenant sur la branche mais prêt à s'envoler. Pendant ce temps-là je m'affairais à couper du bois et à soulever la poussière installée ici depuis des mois. Elle m'observait, me regardait m'agiter, juchée sur son siège de bois. Dans ces moments-là, elle se faisait silencieuse, son visage se détendait comme un matin calme sur un lac et ses yeux devenaient océan de solitude.

« J'ai vu cela, Riwalen, sans le voir vraiment. Et puis tout à coup, elle s'efforçait de me faire la conversation comme pour se prouver à elle-même qu'elle avait eu raison de me suivre, une place devait sûrement lui être réservée au cœur de mon antre secret.

“Les choses du monde ont donc mal tourné, Merlin ?”

« Je lui répondis laconiquement :

“Arthur est mort et la quête du Graal est terminée.”

« Elle se redressa sur ses pieds et, poings sur les hanches, elle me répondit brutalement :

“Non, il dort, et la quête du Graal continue ! Tu as simplement la fâcheuse habitude de vouloir changer ce monde, de le sauver. Cela ne doit pas être sorcier pour un enchanteur !”

« Elle me taquinait de sa voix douce et mélodieuse. J'avais envie de la prendre dans mes bras, mais elle me paraissait si frêle. Elle continua :

“Oui, mais voilà, on ne peut pas vouloir pour les autres, encore bien moins pouvoir, même quand on est un enchanteur et que l'on se nomme Merlin !”

« Cette réplique m'avait rendu furieux et je la pris à témoin :

“Mais regarde, Viviane, comment est ce monde !”

« Elle me rétorqua :

“Alors conçois un autre roi, crée une autre table ronde, lance une autre quête et réveille à nouveau le dragon !”

« Je vins m’asseoir à ses côtés :

“Je me sens si las tout à coup, Viviane ! Et puis il y a le chemin et mes vieux démons. Ne suis-je pas dans certaines histoires le fils du diable ? J’ai besoin de me ressourcer ici, de prendre refuge loin de la fureur de ce monde. J’arrangerai l’esplumoir, je ferai de lui un lieu ouvert sur le ciel où je pourrai saluer mon ami le soleil et contempler mes sœurs les étoiles.”

« Viviane haussa les épaules :

“Cesse de te lamenter, mon ami, ta plainte agite la quiétude des bois. Il y a toujours eu des guerres, Merlin, et l’histoire nous montre bien que, dans ce monde, la paix ne peut exister – ou que pour quelque temps. Ce monde est tel qu’il est, parfait dans son imperfection.”

« Et elle ajouta en passant ses bras autour de mon cou :

“C’est ainsi !”

« J’étais loin d’être satisfait de son discours. Elle s’écarta alors de moi et se mit à déclamer entre les lourds codex :

“Il était célèbre dans tous les royaumes. Dès qu’un roi rencontrait une difficulté, on disait : *Que l’on réveille Merlin !* Et il arrivait, tempêtait, se mettait même quelques fois en colère et n’allait pas par quatre chemins pour dire la vérité. Voilà ce que l’on dira de toi ! Laisse donc faire maintenant la légende, il n’y a plus rien à créer et à regretter : tout est déjà écrit.”

« Je soupirai et je m’approchai d’elle :

“Depuis combien d’années ai-je croisé ton chemin ?

— Qu'importe, Merlin, mais je dois t'avouer que je me suis longtemps demandé pendant combien de temps encore tu viendrais me retrouver à Barenton. Et parce que les femmes ont toujours besoin de preuves d'amour, même quand celles-ci sont fées, j'ai été jalouse de ce palais d'éternité que tu avais conçu pour la Dame du Lac. Je n'ai pas eu envie de tricher avec toi et surtout avec moi-même."

« Tout à coup, je la vis telle qu'elle était, avec le nombre des années qui nous avait rattrapés. Je la découvrais dans l'épanouissement de la femme qu'elle était devenue grâce ou malgré moi. Je distinguais la sournoise flétrissure de l'âge, à peine visible au coin de ses charmants yeux verts. La question qu'elle se posait vint s'inscrire dans ma pensée, elle se faisait tout à coup angoissante et lancinante :

"Merlin ne se lassera-t-il pas un jour de moi, pour une autre élève qui l'admirera, l'adulera ?"

« Et je lui demandai à brûle-pourpoint :

"Vas-tu faire alors comme Morgane ? Utiliser ta science pour te sauver des injures du temps ?"

« Elle me rabroua gentiment :

"Je te l'ai dit, Merlin, je n'ai pas envie de tricher, je ne souhaite que la vérité. La jeunesse, chacun la connaît puis l'abandonne, et avec son départ arrive la sagesse – du moins cela devrait se passer ainsi. Tu connais d'ailleurs cette légende, tu la contes souvent ! Vas-tu reprendre le chemin, Merlin ?"

« Cette question était vaine, car à peine avais-je posé mes affaires, rangé la cabane et mis du bois pour le feu que j'étais déjà sur un autre départ.

"Oui, je souhaite réinstaurer l'âge d'or, Viviane, celui du paradis dans lequel chacun a tout en abondance. Nous sommes encore à l'état d'enfants. Je suis persuadé que tous les hommes ont les mêmes préjugés, les mêmes espoirs et les mêmes attentes ! Qu'ils croient à la paix, à l'égalité, à la justice et à la vérité."

« Viviane me rétorqua alors :

"Mais, Merlin, la triste vérité est que la vie réelle de chaque homme est faite d'un ensemble inexorable de contraires. Regarde tout ce qui nous entoure : la nuit et le jour, la naissance et la mort, le bonheur et la souffrance, le bien et le mal. Nous n'avons même pas la certitude qu'un jour l'un de ces contraires triomphera de l'autre. Dans ce monde, la vie est un champ de bataille !"

« Je voulais interrompre ce flot de paroles qui me faisait mal, mais Viviane continua :

"Bien des rideaux extérieurs ont été levés ou sont tombés au nom de la paix. Mais l'homme ne voit pas son voile intérieur et celui-ci est loin d'être déchiré. Au contraire, il le déploie et il prend une extraordinaire ampleur. Mais, au fond de lui, il n'est pas dupe, il est toujours là, il prend même quelques fois l'apparence d'un masque grimaçant qui remonte à la surface, sur son visage, quand vient poindre hélas la vieillesse. Ce masque plein de haine, qu'il cache, couvre son ombre, qu'il voit grimacer chez l'autre. N'entends-tu pas cette chose gémir à l'intérieur de chaque homme, Merlin ? Pourtant, elle s'amplifie, enfle et, au fur et à mesure, un sentiment d'impuissance t'envahit, mon ami. Aucune magie, roi, table ronde ne pourra remédier à cette souffrance et tu continues le chemin, Merlin, tu soutiens envers et contre tous, tu déclares à ton prochain : *tu as tort*. Mais ne fais-tu pas la même chose, Merlin ?"

« J'en avais assez entendu, j'avais déjà saisi mon bâton de pèlerin et j'enfilai mon grand manteau :

"Ne viens-tu pas avec moi cette fois, Viviane ?

— Non, je n'ai pas besoin de ces voyages-là, Merlin.

— Je peux t'emmener dans le temps des rêves, si tu le souhaites.

— Les rêves ne sont que l'ombre de la réalité, Merlin. Mais je t'attends."

« Je lui répondais déjà en la poussant vers le seuil, puis en claquant la porte de mon antre secrète, n'ayant pas conscience que je me répétais :

"Alors j'arrangerai l'esplumoir, je ferai de lui un lieu ouvert sur le ciel où je pourrai saluer mon ami le soleil et contempler mes sœurs les étoiles ; tu pourras venir t'y installer toi aussi !"

« Elle haussa les épaules à nouveau :

"Si tu penses pouvoir me faire de la place parmi tes pierres, plumes et autres talismans précieux rapportés de pays lointains que tu as traversés…"

« Je suis reparti, Riwalen, sur le chemin. Combien de temps a pu s'écouler entre cet énième départ et notre rencontre à la taverne du Chaudron à Telhouët ? »

Le corps du sage semblait se ratatiner sur la pierre, la tête entre ses mains, les épaules voûtées. Merlin était secoué par les spasmes et les sanglots du chagrin.

« Comment ai-je pu partir à nouveau ? Que dis-je ! Fuir encore une fois ! J'entends encore ses premiers cris de révolte, mais ils se sont tus très rapidement car elle avait bien trop peur que je ne revienne pas à Barenton, dans la clairière sacrée de Brécilien. Elle me disait :

"Je t'ai toujours attendu, Merlin, toujours voulu. À chacun de tes départs, chacune de tes absences, je pleurais de rage. Je me disais, il est peut-être au côté d'une autre femme qui s'est abandonnée dans ses bras, à caresser son visage, goûter au nectar de ses lèvres et à la chaleur de ses étreintes. Jamais de ma vie je n'ai éprouvé ce que j'éprouve quand je suis à tes côtés : toi seul tu as su me faire trembler de désir, me rendre femme."

« Une fois, elle m'avait saisi par les épaules et tentait de me secouer violemment. Elle souffrait, je le voyais dans l'alternance de ses soupirs et de ses cris désespérés. Je ne savais pas dans ces moments-là si elle allait se fondre aux creux de mes bras ou me déchirer. Je la repoussais doucement mais fermement. Elle se traînait à mes pieds, se cramponnait, devenait suppliante. Et moi j'étais déjà parti, évanoui. Elle me criait :

"Reste, il n'y a rien au-dehors !"

« De solstice en solstice, Viviane s'est calmée. Quelque chose s'est détendu en elle, a lâché, comme mon vieux manteau qui glissait de mes épaules à chacun de mes retours. Elle ne faisait plus aucune allusion à mes voyages, à mon désir de changer le monde, à l'éventualité de s'installer dans l'esplumoir, et ne manifestait même plus la curiosité d'ouvrir la malle. Elle avait fini par me dire – sans résignation pourtant de sa part –, alors que je partais encore une fois :

"Je prendrai ce que tu veux bien me donner, Merlin, c'est ainsi."

« Pourtant je rêvais de cela, Riwalen : retourner à l'esplumoir et vivre au rythme des saisons avec Viviane. Comment ai-je pu laisser passer ce temps où dès que je me posais dans la cabane, ma tête contre son sein, elle me caressait les cheveux et me chantait de longues complaintes pour faire taire la fureur de ce monde qui s'agitait en moi ? Je me souviens d'une de ses ballades si poétiques ; elle disait l'avoir composée pour moi :

Quand il aura pris tout son soûl de paysages,
Passé peut-être l'âge
De voguer vers d'autres sillages,
Il reviendra las.
Je ne souhaite pas l'enfermer
Ni le tenir prisonnier.
Il mettra sa tête entre mes cuisses
Afin que je puisse,
Comme au temps de sa mère,
Dire : tout est chimère
Voyage beaucoup au-dehors
Mais rentre au port.
Tu le vois bien
Il n'y a rien
Surtout pas d'or.
Contre mon sein déjà tu dors.

« À chaque fois, elle ouvrait ses cuisses, et dans cette rivière de désir, cet antre forestier, je venais puiser mes forces. Aucun livre de l'esplumoir ne pourra permettre de comprendre cela. Elle était le lieu de l'union où je ne ressentais plus la division. Comment ai-je pu avoir peur de l'amour qu'elle me portait ? Comment ai-je pu être réticent à rester auprès d'elle dans ces bois ? Je viens de comprendre qu'elle est mon trésor et que le bonheur est de se réchauffer à la chaleur de son corps. »

Merlin s'était levé, il avait essuyé son visage dans les plis de son manteau. D'une de ses poches, il avait ressorti son vieux paquet de cartes. Il adressa un coup d'œil complice à Riwalen.

« Et si nous allions boire un dernier verre à la taverne du Chaudron ? La nuit va bientôt se lever, il n'est pas bon de rester dans les bois, car Samain arrive ! »

Ils reprirent donc le chemin, descendirent le sentier de la fontaine de Barenton et coupèrent au travers des landes de Lambrun. Il dut s'écouler une couple d'heures avant qu'ils n'arrivent à destination. En poussant la porte de la taverne, Merlin fit la réflexion suivante :

« Le bois de Brécilien est vaste et profond et il n'a pas encore révélé tous ses secrets ! »

Dans la taverne du Chaudron, au village de Telhouët, hommes et femmes du pays de Brécilien s'étaient réunis en attendant la dernière nuit de ce mois d'octobre. Le feu brûlait dans l'âtre, de longues chandelles étaient fichées dans des bouteilles posées çà et là sur les tables en Formica. La plupart des gens s'étaient rassemblés autour du feu, fascinés par ce soleil intérieur. Dehors, en cette fin d'après-midi, le ciel était sombre, chargé de nuages menaçants. Il s'était mis à pleuvoir d'abord doucement – les gouttes tambourinaient sur les fenêtres –, puis de plus en plus dru, de plus en plus fort. La pluie semblait insister pour être invitée à siéger au côté du feu. Excédée, elle appela le vent ; il se mit à battre la campagne et secoua violemment les arbres. Il arrachait les dernières feuilles d'automne offrant à la forêt de Brécilien de longs sentiers mordorés. Il faisait grincer la charpente du toit, cognant vigoureusement à la porte de la taverne, tandis qu'au loin retentissaient des plaintes étranges et lugubres. Mais Riwalen savait maintenant qu'il s'agissait du dragon de Merlin voulant goûter au liquide ambré de la cervoise de cette nuit ensorcelée.

Deux vieux hommes s'étaient assis près de la porte ; ils étaient vêtus à la manière des moines, de longues robes d'une couleur indéfinissable tant elles étaient sales et usées. Leurs allures leur valurent le regard narquois des hommes et la médisance des langues féminines. Ils devinaient très bien ce qui se disait, se murmurait. Loin d'être blessés par de telles attitudes, ils en éprouvaient au contraire une certaine satisfaction. La déception, elle, restait pour l'un des deux hommes, ce bijou qu'il portait au poignet gauche depuis la nuit des temps, son serpent d'argent, ce bracelet qui s'était détaché déjà depuis fort longtemps. Il l'avait déposé sur la table rouge, formant une ligne sinueuse argentée. La bouche du reptile restait entrouverte, laissant apparaître de petites dents effilées. Il ne se mordrait plus la queue tel l'ouroboros. Il s'adressa à l'autre homme :

« Riwalen, la vie à perpétuité vient de m'être ôtée. »

Et ils éclatèrent de rire. Le plus âgé haussa les épaules en déclarant :

« C'est ainsi ! »

Il arrêta le fil de ses pensées, poison de l'esprit, et tendit le vieux paquet de cartes à Riwalen, marmonnant et psalmodiant.

« Ne faites pas attention à eux, dit la maîtresse des lieux, ce ne sont que des étrangers rentrés il y a un moment. Je les ai bien reçus, car une nuit particulière s'annonce. Un bon bain leur ferait du bien ! Mais je crains qu'ils n'aient perdu l'esprit, écoutez ce qu'ils racontent à présent. »

Alors les gens se firent attentifs et ils entendirent le vieil homme murmurer en retournant les cartes :

« Pique et carreau : Courage et Puissance.
Trèfle et cœur : Savoir et Plaisir.

« Ne sortez pas cette nuit ! Quitter une compagnie comme la mienne, tss, tss… La brume a envahi les chemins ; des êtres étranges sont blottis dans les recoins des rochers. Les lutins vagabondent ; leur haleine à gâter les mûres restées sur la haie et les spectres des morts reviennent à leurs anciennes demeures sur Terre. Restez maintenant et venez jouer une partie avec moi. Voici un vieux paquet de cartes qui a servi plus d'une nuit comme celle-ci et, vieux comme il est, bien des richesses furent perdues et gagnées par lui. »

Riwalen fut surpris de connaître mot pour mot les propos de Merlin, mais il n'eut pas le temps de prolonger sa réflexion car un des jeunes gens de la taverne leur fit la remarque suivante :

« Peu de richesses de ce monde vous sont restées, vieillards ! »

Il regarda les pieds nus des deux hommes, et tous se mirent à rire.

Riwalen passa sa main sous la plante de ses pieds tout en marmonnant :

« Tss, tss, tout n'est que poussière et retourne à la poussière. Restez ! déclara-t-il fermement. N'avez-vous point entendu ? Pour vos promises, pour les richesses de ce monde gagnées et perdues… Vaines richesses. »

Tous alors regardèrent le vieillard comme s'ils le voyaient pour la première fois, ils se demandèrent d'où il était venu. Il semblait lire dans leurs pensées comme dans un livre ouvert :

« Je viens de loin, mais j'ai toujours été sur le chemin, à côté de vous. »

Puis il demeura silencieux et personne n'osa le questionner ; ils se mirent à jouer.

Ils étaient sept joueurs autour de la table en Formica rouge ; les autres derrière regardaient. Le vieillard battit les cartes, coupa de la main droite et distribua d'un geste sûr et extraordinairement agile. Ils jouèrent deux-trois parties, comme ça, pour rien, puis le vieillard sortit de sa poche une pièce très mince et tout effacée, dont nul n'aurait pu deviner l'origine. Les autres se mirent à parier. Autour de la table, on gagnait, on perdait, la chance tournait, ne demeurait jamais longtemps au même endroit. La nuit était fort avancée. Était-il minuit ? Trois heures du matin ?

L'argent affluait et, à la fin, la chance les quitta tous et se rangea du côté du vieillard : il gagna ; il se mit à rire par petits gloussements. Tout seul, il chantonnait :

« J'ai parcouru les terres celtiques, le pays de Galles, l'Écosse, l'Irlande, la Petite Bretagne et nul ne m'a rien refusé, n'est-ce pas ? »

Et Merlin, tout en regardant son compagnon de route, hocha la tête et ils reprirent d'une seule voix tandis que Riwalen se mettait à battre les cartes :

« Pique et carreau : Courage et Puissance.
Trèfle et cœur : Savoir et Plaisir. »

Riwalen remit les cartes à Merlin pour entamer une nouvelle partie. Les corps des hommes tanguaient ; le carrelage en damier semblait se dérober sous leurs pieds. Leurs yeux ne pouvaient se détacher des mains du vieillard ; on aurait pu penser qu'ils étaient ivres, mais il n'en était rien, car les verres et la bouteille demeuraient pleins. Merlin parla alors :

« On me nomme Lailoken, Taliesin ou Suibhne. Mais qu'importe mon nom, vous avez le jeu dans vos cœurs, messieurs », déclara-t-il en ricanant.

Il battait les cartes, doucement, puis de plus en plus vite, si bien qu'à la fin, les hommes ne les voyaient plus. Elles semblaient former un grand cercle dans l'espace, ne faisant qu'effleurer les mains du vieil homme.

« Amis, regardez ce cercle lumineux. Voyez, c'est la course du temps et vous êtes pris dans ses rets ! »

Maintenant, le jeu tournoyait à une vitesse vertigineuse, dessinant un anneau de feu dans les airs, quand l'une des cartes jaillit d'entre ses mains, se métamorphosa en lièvre, puis une autre en chien, puis toute une meute poursuivant le lièvre dans la taverne du Chaudron.

Hommes et femmes s'écartèrent, plaquant leur dos contre le mur, se garant des chiens, abasourdis par le tapage de la course et les aboiements. Finalement, la porte de la taverne s'ouvrit sous une bourrasque de vent plus violente ; le lièvre sauta par-dessus la table et s'élança dans la nuit, suivi des chiens.

« Suivez-les ! Et vous verrez une chasse extraordinaire, messieurs. C'est la Chasse Sauvage ! Arthur et ses compagnons sont de retour dans la Forêt des Enchantements ! » hurla le vieillard.

Mais les hommes redoutaient la nuit de la Samain. Seul Riwalen, malgré son âge avancé, se leva et déclara :

« Je les suivrai ! »

Trébuchant, il passa le seuil de la porte, comme un homme dans un rêve et la porte claqua brutalement derrière lui, laissant les joueurs dans le silence le plus total.

Riwalen crut d'abord voir dans la nuit Merlin courir devant lui, mais ce n'était que son ombre projetée par la lumière de la pleine lune sur le chemin. Il entendait au-devant de lui la course des chiens et le lièvre se faufilant par les fourrés. Il courait, courait, rien ne semblait l'arrêter. Mais il avait peur de s'emmêler les pieds dans cette soutane qui l'encombrait. Bientôt, il entama l'ascension d'une colline, il ralentit le pas de sa course – le souffle venait à lui manquer et un nuage venait de masquer l'astre de la nuit. Il lui devint difficile de distinguer le sentier. Son pied se prit dans une racine, il trébucha et alla s'étaler la tête la première, le nez dans la rude bruyère. Le lièvre, les chiens passèrent au-dessus de sa tête et la rumeur de cette chasse étrange s'estompa pour mourir dans la nuit noire. Riwalen ne pouvait plus courir ni même marcher, il était exténué. Il s'assit sur un petit muret de pierre en se demandant s'il n'avait pas déjà vécu cette scène. C'est alors qu'il remarqua une porte tout près de lui d'où sortait une lumière, il s'en étonna. Comment ne l'avait-il pas vue auparavant ? Elle, si près, cette lumière éblouissante ? Oui, cette clarté lui était étrangement familière, elle ne l'avait jamais quitté et maintenant elle l'attirait comme un aimant. Il se dirigea vers la porte et bien qu'il fît nuit aux alentours, c'est la lumière du jour qu'il lui sembla trouver. Merlin était déjà là, appuyé contre le chambranle.

« Tu as mis du temps à venir cette fois, Riwalen, mais nous t'attendions.

— C'est l'âge, Merlin, je suis moins agile qu'auparavant !

— C'est ce que tu crois, Riwalen, parce que tu raisonnes encore avec ce monde et ses apparences. Cependant je crois que tu es prêt maintenant, car nous avons assez cheminé ensemble. »

Et Riwalen pénétra dans une grande pièce carrée au fond de laquelle un grand feu brûlait. Au centre de celle-ci se tenait une cathèdre de pierre, sur laquelle était assise une femme – la plus belle qui soit donnée à contempler. Riwalen pensa un court instant qu'il s'agissait de la Dame du Lac, il ne l'avait jamais rencontrée, mais Merlin en avait fait une description assez précise pour qu'il eût en cet instant l'intime conviction que cette femme à la chevelure dorée n'était autre que la porteuse de l'épée, la maîtresse des profondeurs. Une lumière verte rayonnait de sa poitrine, et dans un cercle autour d'elle tout venait scintiller et s'iriser de mille couleurs. Un chaudron d'argent reposait à ses pieds. Riwalen eut le temps d'admirer, dans le silence, la finesse de l'ouvrage et les deux cygnes se tenant étroitement enlacés. Il se rappela la vision des deux oiseaux sur la mer en Cornouailles. Quatre vieilles femmes se tenaient autour d'elle, posées aux quatre coins cardinaux. Chacune d'elles portait dans sa main un objet : une lance, une épée, une pierre et une coupe. Merlin avait refermé discrètement la porte sur cette étrange scène ; il restait appuyé contre le chambranle. Un sourire flottait sur ses lèvres. Il s'était remis à battre les cartes sans rien dire. Et la femme sur la cathèdre s'adressa à Riwalen :

« Riwalen, fils de la terre, tu es venu ici pour accomplir la fin de ton initiation. »

Alors elle plongea sa coupe dans le chaudron argenté et en ressortit une bière ambrée d'écume – celle-là même dont rêvait le dragon de Merlin – et elle la tendit au jeune homme. Une des vieilles femmes se leva, présenta à Riwalen la pierre, et il répondit :

« Courage ! Et il en faut pour naître dans ce monde ! »

Celle-ci s'inclina et quitta la pièce.

« Courage ! » répéta la Dame du Lac en versant la bière à ses pieds.

Une autre femme vint présenter l'épée et Riwalen déclara :

« Puissance ! Car nous rêvons tous de pouvoir, mais un jour vient le détachement. »

Puis ce fut le tour de la lance à laquelle Riwalen donna le nom de :

« Plaisir ! Car c'est lui qui nous mène dans ce monde ; il est le désir aussi, mais il est destiné à prendre fin. »

Puis, enfin, la coupe à laquelle il attribua :

« Savoir ! C'est accepter les différents états que nous sommes appelés à traverser pour enfin se connaître vraiment. »

Alors le jeune homme fut pris de vertige et chancela sur lui-même. Merlin vint auprès de lui et murmura à son oreille :

« Bien, tu as accompli ton initiation. Je vais te révéler le secret de ton nom, il signifie “chevalier”, et c'est à toi maintenant de prolonger la quête, Riwalen dans ce monde du XXIe siècle. »

Ce furent les derniers mots qu'il entendit du sage. Lorsqu'il se réveilla, il était près de la taverne du Chaudron. Le soleil d'automne dorait déjà toute la campagne environnante et le bois de Brécilien. À côté de lui gisait un gobelet vide de bière. Riwalen se redressa et resta assis dans l'herbe humide. Le sang lui battait les tempes de manière violente. La patronne de la taverne s'affairait déjà en balayant devant sa porte et s'adressa narquoisement au jeune homme :

« Alors, le réveil n'est pas trop dur ? La bière de Samain a coulé à flots, hier soir ! Et tu n'as pas été le dernier à tremper tes lèvres dans le breuvage ambré. »

Riwalen se tenait la tête entre les mains. Les paroles de cette femme étaient un supplice tant elles résonnaient fortement dans sa tête. Il se demanda s'il n'avait pas rêvé tout cela. Elle s'approcha et sortit de son tablier un objet, c'était en fait un vieux paquet de cartes tout écornées.

« Tiens, c'est le vieil homme qui l'a laissé pour toi, il m'a dit que tu comprendrais. Quelle drôle de nuit, cette Samain, n'est-ce pas ? »

Riwalen se releva et prit le paquet de cartes en remerciant la femme. Il se mit à battre les cartes et il eut envie de prononcer la formule récurrente du vieux sage. Tout à coup ces paroles et ce geste firent sens aussi. En agissant ainsi, Merlin prononçait une incantation : il rassemblait l'énergie des éléments constituant l'univers. La consultation des cartes offrait des pistes sur l'état actuel du monde et sur ses évolutions possibles. Cet antique paquet s'avérait être un oracle précieux, du moins pour celui ou celle qui saurait se mettre à l'écoute du monde. La voix de Merlin sembla chuchoter à son oreille :

« Car vous êtes le monde et le monde est en vous. »

Riwalen s'en alla dans le bois tout en murmurant :

« C'est ainsi. »

Il avait retrouvé l'allure et le pas alerte de la jeunesse.

Les saisons s'écoulèrent et un nouvel été arriva, dans la clairière sacrée de Barenton. Le sage se fit attendre. Alors Viviane décida de se rendre à l'antre secret de Merlin, dans son esplumoir – il lui avait confié une clef toute rouillée qu'elle gardait précieusement contre son cœur. L'ajonc et le genêt se fanèrent et les grenouilles se turent dans les étangs de Brécilien, tandis que les oiseaux s'élevaient dans les airs pour se préparer à un nouveau départ. Alors, Merlin revint ! Il parut par un après-midi d'automne de bruine et de brouillard, au seuil de la cabane. Il était arrivé à pied, comme à son habitude. Viviane prit peur en le voyant arriver, mais elle cacha sa stupéfaction. Elle ne le reconnut point au premier regard, pourtant son cœur vola dans le sien, à la rencontre de l'Enchanteur. Il était à la fois le même et tout autre. Un homme encore vieilli de bien des années, le visage à demi éteint, poussiéreux, fané, les traits tirés, malade, souffrant, où pourtant ne se lisait point de douleur mais plutôt un sourire, un vieux sourire résigné. Il se traînait péniblement et semblait dolent, las.

« Tu vois, je suis revenu ! J'arrangerai l'esplumoir, je ferai de lui un lieu ouvert sur le ciel où je pourrai saluer mon ami le soleil et contempler mes sœurs les étoiles. Ou non, c'est plutôt toi qui l'arrangeras, un nid pour nous deux, pour les drôles d'oiseaux que nous sommes !

— Chut ! Ne dis rien !

— Qu'ai-je fait pendant toutes ces années, Viviane ? *J'ai conçu des rois, créé la table ronde, lancé la noble quête et réveillé de temps en temps le dragon, couru les chemins…* Et toi, ma tendre amie ?

— Il faut beaucoup cheminer pour oser un jour le voyage intérieur. Tu as rêvé, Merlin. Maintenant je vais t'embrasser, mon prince au bois dormant !

— Tu ne m'as même pas demandé les neuf incantations, cet ultime enchantement qui permet à une femme de garder auprès d'elle un homme sans barreaux, sans prison.

— Je les connaissais déjà, et tu me l'as dit la première fois, Merlin : il suffit de se souvenir.

— Alors pourquoi n'as-tu pas utilisé ce charme si puissant ?

— À quoi bon, Merlin ? Je ne voulais pas te retenir ici contre ta volonté : le véritable amour rend libre.

— N'as-tu pas un enchantement bien à toi à me proposer, la belle ? »

Viviane se pencha au-dessus de l'Enchanteur ; son visage était proche du sien et une larme perla de ses yeux et tomba dans l'œil de Merlin. L'Enchanteur grommela :

« Je vois, maintenant. »

Et il étreignit Viviane de toutes ses forces, s'étendit contre son sein et lui murmura à l'oreille :

« Quand je suis en toi, je retourne dans le ventre de ma mère, celle de la Grande Déesse, notre mère à tous, la terre. Viviane, de quoi ai-je eu si peur pendant toutes ces années ?

— De toi, mon tendre et doux ami, de toi. Viens, nous allons dans un endroit que tu ne connais pas encore, dans une grotte où, depuis des lunes, je tente de former un mot afin que cet enchantement s'accomplisse.

— Et mon tombeau ? Ne dois-tu pas m'enserrer dans celui-ci ?

— Laisse cela à la légende, Merlin, nous avons autre chose à faire. Tout est écrit d'avance, c'est ainsi. »

Elle le prit par la main et ils s'en allèrent pour traverser les bois de Brécilien. L'hiver avait déjà passé et la forêt était lavée de la neige. Enfin ils arrivèrent auprès de la grotte et s'aperçurent que le printemps les avait accompagnés. Le seuil était baigné de soleil. En le franchissant, ils se regardèrent dans les yeux et se trouvèrent très heureux. Dans la grotte au cœur de Brécilien, Viviane et Merlin s'agenouillèrent, la fée avait ressorti ses brindilles de bois.

Merlin s'apprêta alors à former une phrase. Il leva la tête vers son amie et lui demanda :

« C'est ainsi ? »

Viviane secoua doucement la tête, elle prit la main du sage dans la sienne et ensemble, sur la terre de Brécilien, ils formèrent le mot *Éternité*.

LEXIQUE

Autre Monde :

Dans la tradition celtique, il est le *Sidh*, sorte de paradis et monde parallèle au monde des humains. Il est parfois confondu avec les îles du Nord du monde, d'Avalon, il représente l'au-delà où se retirent les héros et déesses.

Brécilien :

Ancien nom donné à la forêt de Brocéliande.

Chêne à Guillotin :

En sortant du village de Concoret pour se diriger vers Tréhorenteuc se trouve cet arbre supposé millénaire. Il doit son nom à un personnage qui vécut sous la Révolution à Concoret, son village natal. L'abbé Guillotin, poursuivi par l'armée républicaine, aurait trouvé refuge dans le tronc creux du chêne et aurait été protégé par l'intervention miraculeuse de Notre-Dame qui, sous la forme d'une araignée, tissa sa toile pour cacher le fugitif.

Concoret :

Sans doute le plus beau village de Brocéliande par l'harmonie architecturale qu'il offre aux visiteurs. Les maisons ont été construites en schiste pourpre, pierre caractéristique de cette terre sacrée.

Fontaine de Barenton :

Située au cœur de la forêt de Brocéliande, cette fontaine est décrite dès le Moyen Âge par le célèbre romancier Chrétien de Troyes comme étant une fontaine merveilleuse car elle bout tout en restant froide comme le marbre et des orages se déclenchent lorsque l'on répand de l'eau sur la pierre voisine. C'est là sur cette pierre que Merlin était assis la première fois qu'il rencontra Viviane. C'est pourquoi elle porte désormais le nom de « perron de Merlin. »

Fontaine des quatre temps :

Nom donné par l'auteur à cette petite fontaine anonyme et secrète située sur le chemin menant au hêtre de Ponthus.

Hêtre de Ponthus :

Situé sur un terrain privé, ce hêtre est un des arbres remarquables de la forêt de Brocéliande. Il doit son nom à un chevalier, héros du dernier roman arthurien du Moyen Âge, dont le château se serait situé près de ce vénérable.

Hôtié de Viviane :

Hôtié viendrait de *hostellerie*, il signifie maison. Il s'agit d'un mégalithe, un coffre de pierre datant de la période néolithique construit vers 2500 av. J.-C. Il se situe dans la Basse-Forêt de Brocéliande, dans les landes de Gurwan.

Jardin aux Moines :

Monument mégalithique de forme trapézoïdale, il est un des seuls de cette forme en Bretagne. Grâce aux fouilles menées par Jacques Briard dans les années quatre-vingt, le début de sa construction a été daté vers 3000 av. J.-C. Il présente une alternance de blocs de quartz et de schiste rouge.

Manoir des Rues-Neuves :

Nommé aussi « château de Gurwan », car il est en lien avec l'affrontement entre Gurwan, comte de Vannes, et Paskweten, comte de Rennes, au IXe siècle, pour le royaume de Bretagne. Le premier témoignage précis concernant cette demeure remonte à la fin du XVe. Sa dernière acquisition date de 1977. Restauré, ce beau manoir à pan de bois est une propriété privée qui s'admire sur le bord du chemin, mais ne se visite pas.

Paimpont :

Principal village de la forêt de Brocéliande réputé pour son abbatiale.

Pas-du-Houx :

Un des plus grands étangs de la forêt de Brocéliande situé entre Paimpont et Plélan-le-Grand sur la route menant vers Saint-Péran.

Pont du Secret :

Passerelle de bois située dans la vallée de l'Aff en forêt de Brocéliande, lieu où Lancelot et Guenièvre auraient échangé leur premier baiser.

Roc Saint-André :

C'est au cœur de la Bretagne dans un manoir construit au temps de la duchesse Anne, qu'est née la Cervoiserie de Bernard Lancelot, en 1990. Nom prédestiné, aujourd'hui la brasserie s'est installée dans les beaux bâtiments rénovés de l'ancienne mine d'or, construits au XIXe siècle sur des vestiges néolithiques. Toutes les bières portent des noms inspirés de l'histoire et des légendes bretonnes.

Rocher du Pas-de-la-Chèvre :

À la sortie de Concoret en empruntant le Val aux Fées, à quelques centaines de mètres hors du circuit de « grande randonnée pédestre » se trouve à quelques mètres en contrebas un roc taillé presque à pic. Il s'agit du Rocher du Pas-de-la-Chèvre.

Taverne du Chaudron à Telhouët :

Le petit hameau de Telhouët fait partie de la commune de Paimpont, le Chaudron est un café de pays dont la volonté est de faire partager et découvrir les manifestations culturelles des alentours.

Tombeau de Merlin :

Situé en forêt de Brocéliande, il est composé de deux dalles de schiste rouge qui sont les restes d'une ancienne allée couverte, détruite en 1892. Lieu supposé de l'enfermement de Merlin par la fée Viviane. Il est devenu l'objet d'un pèlerinage pour tout visiteur cheminant sur les traces de la légende arthurienne.

Tombeau des Géants ou Roche à la Vieille :
À quelques distances de l'Hôtié de Viviane a été bâti un autre mégalithe datant de 1500 av. J.-C.

Tréhorenteuc :
Petit village de la forêt de Brocéliande, réputé pour son église surnommée l'église du Graal. Celle-ci a été restaurée par l'abbé Gillard de 1942 à 1953. Son décor intérieur est un pont jeté entre l'ancienne tradition, celle de la mythologie celtique, de la légende du roi Arthur et la nouvelle tradition : la religion chrétienne.

Trudeau :
Lieu-dit en forêt de Brocéliande.

Val aux Fées :
Entre Concoret et Tréhorenteuc, en arrière du château du Rox, au lieu-dit de Sous-la-Haie, s'ouvre le Val aux Fées. Sur l'un de ses flancs se dresse le Rocher du Pas-de-la-Chèvre, et à quelques pas se trouvait autrefois l'ermitage de Jobart.

Val Originel :
Nom légendaire donné par l'auteur pour évoquer la vallée menant à l'étang du Pont-Dom-Jean.

Val sans Retour :
Entrelacs de vallées creusées dans le schiste pourpre de Brocéliande, l'accès se fait par le petit village de Tréhorenteuc. Ce lieu est le domaine de la fée Morgane.

Vents :
Comme dans toutes les anciennes traditions, les Celtes accordaient des pouvoirs aux vents. La caste sacerdotale,

représentée par les druides, avait le pouvoir de manipuler ces vents. Ainsi Merlin et Riwalen croisent tout au long de leur périple : le vent de *Miz Du* – en breton le mois noir – et le *Serein*, vent qui souffle sur la forêt de Brocéliande ; ceux-ci imprègnent le récit de magie et manifestent la présence de l'Autre Monde.

LISTE DES PERSONNAGES

Angus :
Dieu de l'Amour dans la mythologie celtique.

Ankou :
Serviteur de la Mort dans les contes bretons. Il est souvent représenté vêtu et coiffé de noir, tenant une faux à la main.

Antor :
Petit vassal du roi Uther Pendragon et père adoptif d'Arthur.

Arawn :
Roi de l'Autre Monde dans la tradition celtique. Il échange sa royauté et son apparence pendant un an avec le prince Pwyll.

Arthur :
Personnage historique en tant que chef de guerre de la résistance bretonne face à l'envahisseur saxon du Ve siècle, il est aussi un héros littéraire issu de la mythologie celtique

et des textes médiévaux. Il est le souverain des chevaliers de la Table Ronde.

Balin :

Surnommé « Balin le sauvage » ou encore « le chevalier aux deux épées ». C'est lui qui porta au roi Pellam le coup douloureux et provoqua par ce geste la dévastation des royaumes de Pellam et d'Arthur.

Bohort :

Chevalier de la Table Ronde, il est le cousin de Lancelot. Il participe à la quête du Graal jusqu'à sa fin et revient pour témoigner à la cour d'Arthur.

Boudicca :

Reine de la tribu celte des Iceni de Bretagne. En 61, le général romain Suetonius Paulinus réussit à écraser les tribus celtes révoltées. Boudicca, déchue et vaincue, choisit alors de mourir, entraînant dans la mort ses deux filles.

Bride :

Nommée aussi Brigit, elle est la déesse de la Guérison et de la Fertilité dans la mythologie celtique. Dans le récit, elle est la personnification du printemps.

Brisane :

Suivante de la fille du roi Pellam. Elle fait boire un puissant philtre d'amour à Lancelot afin qu'il passe une nuit avec celle-ci. De cette union naît Galahad.

Cailleach :

Surnommée aussi la vieille femme, elle est l'incarnation de la saison sombre et des mois d'hiver.

Camarthen :

Cité située en pays de Galles dans le Dyfed.

Cernunnos :

Il est une des plus anciennes et populaires divinités du monde celtique. Il est le maître de la végétation et de la multiplication des espèces animales.

Constantin :

Roi de Bretagne et père de Constant, Uther et Pendragon.

Cormac :

Haut roi dans les anciens récits légendaires d'Irlande.

Cûchulainn :

Héros d'Ulster, il est un des personnages les plus importants de l'épopée irlandaise.

Dame du Lac :

Personnage féerique pour lequel Merlin bâtit un palais de cristal masqué par la semblance d'un lac en forêt de Brocéliande. C'est dans cette demeure enchantée qu'elle éleva Lancelot afin qu'il devienne le meilleur chevalier de la Table Ronde. La Dame du Lac confia au roi Arthur l'épée magique Excalibur.

Dana :

Déesse mère de la mythologie irlandaise. Elle donna son nom aux Tuatha de Danann, tribu de la déesse Dana. Ils étaient ses enfants divins avant l'arrivée en Irlande des premiers humains, les Gaëls.

David :

Roi de Judée et ancêtre prêté à Lancelot et à son fils Galahad. Il est dit dans certains récits de la légende arthurienne que son épée gît à bord de la nef de Salomon et que le seul à pouvoir la ceindre est Galahad, héros de la quête du Graal.

Démète :

Une des nombreuses tribus celtes autonomes de Bretagne. Dans certaines versions de la légende arthurienne, Merlin aurait été le chef de celle-ci.

Deirdre :

Dans la mythologie irlandaise, elle fut la cause des malheurs de l'Ulster. La jeune fille tomba amoureuse de Naoise et persuada celui-ci et ses frères de s'enfuir avec elle. Contrainte d'épouser un roi, elle préféra se donner la mort plutôt que d'appartenir à un autre.

Diarmaid :

Guerrier irlandais faisant partie de la tribu de Finn, son oncle. Diarmaid fut contraint de s'enfuir avec Grainne, épouse de Finn. Cette construction est équivalente à celle qu'entretiennent Lancelot, Guenièvre et le roi Arthur.

Dyonas :

Seigneur du château de Comper en Brocéliande, filleul de la déesse Diane et père de la fée Viviane.

Éon de l'étoile :

Il vécut au XIe siècle en forêt de Brocéliande, au temps du passage de la comète de Halley qui fit frémir le peuple et la royauté. Dans ce climat de terreur, Éon se transforma en bandit et se mit à piller, à partir de 1145, les grasses demeures de Dieu et des seigneurs des alentours pour redistribuer aux plus pauvres accablés par la famine.

Esplumoir : retraite secrète de Merlin.

Excalibur :

Épée fabuleuse d'Arthur remise par la Dame du Lac. Ici une confusion volontaire est faite entre cette épée et l'épée Claimh Solais de la mythologie irlandaise.

Galahad :

Fils de Lancelot du lac et d'Hélène d'Astolat, la fille du roi Pellam. Il est le meilleur chevalier du monde, lui seul réussit à occuper le siège périlleux de la Table Ronde. En compagnie de Perceval et de Bohort, il fait voile à bord de la nef de Salomon, vers Sarras en Orient où il va contempler le mystère du Graal.

Ganiéda : sœur de Merlin.

Gauvain :

Chevalier de la Table Ronde, il est le neveu du roi Arthur.

Grainne :

Dans la mythologie irlandaise, elle est la fille du roi Cormac et l'épouse du vieux Finn. Elle s'enfuit avec le jeune Diarmaid.

Grande reine d'Arbeth :

Elle est aussi nommée Rhiannon dans le légendaire gallois. Elle épousa Pwyll, prince du Dyfed.

Guenièvre :

Femme du roi Arthur et maîtresse du chevalier Lancelot. Elle incarne l'antique souveraineté celtique.

Gwendolene : épouse de Merlin.

Hélène d'Astolat :

Dans ce récit fille du roi Pellam et éprise de Lancelot auquel elle donne un fils nommé Galahad.

Jobart :

Ermite ayant vécu non loin du village de Concoret en forêt de Brocéliande.

Kay : fils d'Antor et frère de lait d'Arthur.

Lancelot :

Fils du roi Ban et de la reine Élaine de Bénoïc, il est élevé par la Dame du Lac et se rend ensuite à la cour d'Arthur. Il est fait chevalier de la Table Ronde et se distingue des autres chevaliers par ses nombreuses prouesses. Amant de la reine Guenièvre et modèle de courtoisie. Au château du roi Pellam, il est victime d'un philtre qui lui donne l'illusion d'être avec la reine. Il passe ainsi la nuit avec la fille du roi Pellam et engendre Galahad.

Léodegrand de Carmélide :
Roi de Carmelide, père de Guenièvre. Il offre en dot à sa fille et à Arthur la Table Ronde.

Lug :
Dieu celtique du Soleil dans la mythologie irlandaise, il est décrit comme un jeune et beau guerrier porteur d'une lance magique.

Mag Tured :
Célèbres batailles de la mythologie irlandaise, elles opposèrent le clan de la déesse Dana aux Firbolg puis aux Fomoirii.

Maeve :
Reine guerrière du Connaught. Dans la mythologie irlandaise, aucun roi ne pouvait régner sur l'île s'il n'épousait pas Maeve, qui était l'incarnation de la souveraineté.

Meliadus :
Roi légendaire ayant laissé son nom à une vallée menant à l'étang du Pont-Dom-Jean dans la forêt de Brocéliande.

Merlin :
Devin, prophète, magicien et tuteur du jeune Arthur. Il est un des plus anciens personnages arthuriens. Il est apparenté à Suibhne en Irlande, Lailoken en Écosse et Taliesin au pays de Galles.

Morgane :

Fille d'Ygraine et de Gorlois de Cornouailles. Demi-sœur d'Arthur, épouse de Lot d'Orcanie et mère de Mordred. Morgane est une des élèves de Merlin. Après avoir été trahie par un de ses nombreux amants, elle se retire en forêt de Brocéliande dans un lieu enchanté nommé le Val sans Retour. C'est elle qui veille sur Arthur blessé dans l'île d'Avalon. Son nom évoque fortement Morrigan, la déesse guerrière irlandaise.

Nuada :

Dieu irlandais et chef de la tribu de la déesse Dana, il possède une épée extraordinaire, Claimh Solais.

Pellam :

Roi blessé par le coup douloureux du chevalier Balin, il règne dans l'Autre Monde et veille sur les talismans magiques parmi lesquels se trouve le Graal.

Pellinore :

Roi qui lança un duel au roi Arthur.

Perceval :

Chevalier de la Table Ronde et un des élus de la quête du Graal.

Ponthus :

Au ve siècle, Ponthus, fils de roi, fuit la Galice pour échapper au sultan de Babylone. Après un naufrage en Petite Bretagne, il devient connétable et croise le chemin de la Belle Sidoine, fille du roi de Vannes. Ses aventures furent mises en roman au XVe siècle et elles constituent la dernière œuvre médiévale ayant pour cadre la forêt de Brocéliande.

Pwyll :
Prince légendaire de la province du Dyfed au pays de Galles. Il échangea sa royauté pendant un an avec Arawn, prince de l'Autre Monde.

Ritton :
Roi arrogant qui prélevait la barbe de tous les rois qu'il soumettait. Il est tué par Arthur.

Riwalen :
Dans ce récit, jeune homme du XXIe siècle accompagnant Merlin dans ses périples en terre celte.

Salomon :
Dans la tradition chrétienne, Salomon est le sixième fils de David, héritier au trône. Il est célèbre pour sa sagesse et sa mesure.

Sir Walter Scott :
Poète et écrivain écossais du XIXe siècle, il parcourut l'Écosse à la recherche de son passé. Il se lança dans la littérature en publiant des textes anciens ou appartenant à la tradition populaire, autant que des créations poétiques dont la *Dame du Lac*. Ses romans les plus connus sont *Ivanhoé* et *Quentin Durward*.

Sébille :
Nom d'une fée.

Viviane, Niniane, Nimue ou Niv :

Fille d'un vavasseur nommé Dyonas dont la demeure est située en forêt de Brocéliande au château de Comper. Merlin en tombe amoureux et lui enseigne sa magie. Son nom dérive du breton *ninian*, il désigne au départ une nymphe des eaux. Viviane est bien sûr un être féerique.

Vortigern :

Tyran qui devint roi en faisant tuer Constantin et son fils Constant et en forçant à l'exil en Armorique Uther et Pendragon. Il décide de faire construire la plus haute tour qui soit sur le mont Snowdon afin de surveiller les prétendants légitimes au trône de Bretagne.

Ygraine :

Épouse de Gorlois de Cornouailles, mère de Morgane et d'Arthur.

BIBLIOGRAPHIE

BAUDRY Robert, *Le Mythe de Merlin*, Terre de Brume, 2007.

BARJAVEL René, *L'Enchanteur*, n° 1841, Gallimard, collection Folio, 2002.

BERTHELOT Anne, « Compte-rendu », in *L'Esplumoir*, n° 1, 2002.

BERTHELOT Anne, *La Légende du roi Arthur*, Du Chêne, 2007.

BRIANT Théophile, *Testament de Merlin*, Champion, 1985.

BRIEL Henri de, *Le Roman de Merlin l'Enchanteur*, Klincksieck, 1971.

CARÊME Maurice, *Le Magicien aux étoiles*, Milan, 1991.

CAZENAVE Michel, *Les Guerriers de Finn*, Artus, 1992.

CORNWELL Bernard, *La Saga du roi Arthur*, 3 tomes, *Le Roi de l'hiver*, éd. de Fallois, 1998, *L'Ennemi de Dieu*, éd. de Fallois, 2000, *Excalibur*, éd. de Fallois, 2001

COTTERELL Arthur, *Mythologie celtique*, Celiv, 1997.

FERDINAND Sylvie, *Au royaume du Dragon rouge, contes et légendes du pays de Galles*, textes rassemblés et présentés par S. Ferdinand, Terre de Brume, 2001.

FITZPATRICK Jim, *Nuada au bras d'argent*, Coop Breizh, 1992.

FISHER Robert, *Le Chevalier à l'armure rouillée*, Ambre, 2006.

GEOFFREY de Monmouth, *La Vie de Merlin*, Micro-Climats, 2001.

GLOT Claudine, TANNEUX Marie, *Contes et légendes de Brocéliande*, Éditions Ouest-France, 2002.

GLOT Claudine, *Le Grand Livre du roi Arthur*, Éditions Ouest-France, 2003.

GUYONVARC'H Christian, LE ROUX Françoise, *Les Druides*, Éditions Ouest-France, 1998.

HOLDSTOCK Robert, *Codex Merlin*, 3 tomes, *Celtika*, Le Pré aux Clercs, 2003, *Le Graal de fer*, Le Pré aux Clercs, 2004, *Les Royaumes brisés*, Le Pré aux Clercs, 2007.

LAMBERT Pierre-Yves, *Les Quatre Branches du Mabinogi*, traduit et présenté du moyen gallois par P.-Y. Lambert, Gallimard, collection L'aube des peuples, 1993.

MATTHEWS John, *La Légende du roi Arthur*, Père Castor, 2008.

ROBERT de Boron, *Merlin en prose*, éd. A. Micha, Droz, 1979.

MINARY Ruth, MOORMAN Charles, *Petit dictionnaire du monde arthurien*, Terre de Brume, 1996.

VANCE Jack, *Le Cycle de Lyonesse*, 3 tomes, *Le Jardin de Suldrun*, n° 140, Gallimard, collection Folio SF, 2003, *La Perle verte*, n° 145, Gallimard, collection Folio SF, 2003, *Madouc*, n° 5394, Presses Pocket Fantasy.

WALTER Philippe, *Le Devin maudit, Merlin, Lailoken, Suibhne, textes et étude*, Ellug, 1999.

WALTER Philippe, *Merlin ou le savoir du monde*, Imago, 2000.

YEATS William Butler, *Le Crépuscule celtique, La Rose secrète*, Presses universitaires de Lille, 1993.

FILMOGRAPHIE

BARRON Steve, *Merlin*, Hallmark, 1998.
BOORMAN John, *Excalibur*, Orion, 1981.
EDEL Uli, *Les Brumes d'Avalon*, Warner, 2001.

TABLE

Composé par Nord Compo
à Villeneuve-d'Ascq

Achevé d'imprimer par
Kapp – Lahure – Jombart à Évreux
N° d'éditeur : 5822-01-04-04-09
N° d'impression : 10060
Dépôt légal : avril 2009
ISBN : 978-2-7373-4643-9

Imprimé en France